厦门大学人文社会科学"校长基金 创新团队"项目
"海峡两岸舆论：动力机制及其演化轨迹研究"（编号：20720171005）成果

厦门大学
厦门大学哲学社会繁荣计划
2011-2021

大数据与
台湾舆论研究

邹振东　邹思容
蔡婧蓉　潘小佳　等著

九州出版社
JIUZHOUPRESS ｜全国百佳图书出版单位

图书在版编目（CIP）数据

大数据与台湾舆论研究 / 邹振东等著. -- 北京：
九州出版社，2019.12
ISBN 978-7-5108-8734-5

Ⅰ．①大… Ⅱ．①邹… Ⅲ．①互联网络－舆论－研究
－台湾 Ⅳ．①G219.275.8

中国版本图书馆CIP数据核字(2020)第117756号

大数据与台湾舆论研究

作　　者	邹振东　等著
出版发行	九州出版社
地　　址	北京市西城区阜外大街甲 35 号（100037）
发行电话	(010)68992190/3/5/6
网　　址	www.jiuzhoupress.com
电子信箱	jiuzhou@jiuzhoupress.com
印　　刷	北京九州迅驰传媒文化有限公司
开　　本	720 毫米 ×1020 毫米　16 开
印　　张	9.75
字　　数	164 千字
版　　次	2020 年 7 月第 1 版
印　　次	2020 年 7 月第 1 次印刷
书　　号	ISBN 978-7-5108-8734-5
定　　价	38.00 元

目　录

第一章 总论：台湾舆论研究的存在和发展

任何一个研究领域，都有其空间存在的位置，也有其时间发展的轨迹。本书第一章在相关研究的比较框架中，首先确认台湾舆论研究作为学术存在的特殊性，定位其在学术谱系中的区间，界定其研究的对象、范围和领域，论证其学术价值及意义，总结其研究现状，探讨其发展空间，规划其未来研究的重点和方向。

台湾研究是否一门独立的学科，尚存争议，但作为一个多学科竞相拓展的研究领域，其学术价值日益彰显。政治学、历史学、经济学、社会学、文化学、文艺学等各学科导入台湾研究，不仅丰富了台湾研究的领域，也推动了各自学科的发展。特别是以台湾政治研究为引擎，台湾的历史研究、经济研究、社会研究、文化研究、文学研究，以及由此延伸的两岸关系研究、台湾和中美关系研究等，硕果累累。但一个不容忽视的事实是，台湾舆论研究却在台湾研究的总体框架中几乎缺失，就连"台湾舆论研究"这个概念在学术界也很少被人提及。这与台湾舆论在台湾的地位、作用、影响极不匹配。本章将对台湾舆论研究的概念、对象、范围、领域、阶段、价值和近期重点进行全面梳理，初步描绘台湾舆论研究的学术图景，建构台湾舆论研究与台湾其它研究的对话框架，呼吁理论界和实务界重视对台湾舆论的研究，期待更多学术界同仁加入台湾舆论研究的队伍，推动台湾舆论研究的兴起。

第一节 台湾舆论研究的概念及定位

以台湾舆论或涉台舆论为研究对象，或者用舆论方法研究台湾的研究，统称台湾舆论研究。

以台湾的舆论现象作为研究对象的研究属于台湾舆论研究。其研究范围包括但不限于台湾的舆论主体研究、舆论议题研究、舆论意见领袖研究、舆论形式研究等。

用舆论学的理论和方法研究台湾，也属于台湾舆论研究。其研究范围包括而不限于用舆论的方法研究台湾的政治问题、经济问题、文化问题、社会问题及两岸关系问题。

需要强调的是：其他舆论场的涉台舆论，也属于台湾舆论研究。其研究范围包括但不限于大陆的涉台舆论、美国的涉台舆论、日本的涉台舆论等。

台湾舆论研究在学术谱系中的定位，有两个区间。一个区间是处在台湾研究的学术谱系中。台湾舆论研究属于台湾研究的子系统，它与台湾政治研究、台湾经济研究、台湾社会研究、台湾文化研究、台湾历史研究、台湾文学研究、两岸关系研究等子系统一起，共同组成台湾研究的大系统。

台湾舆论研究的另一个区间处在中国舆论研究的学术谱系中。台湾舆论研究，是中国舆论研究的重要一环。有意思的是，在中国舆论研究中，除了台湾和香港，其它区域舆论研究几乎不存在。

把前一个区间与后一个区间的概念进行比对，这样的区别可以看得更明白。台湾研究的诸子系统中，除了政治研究外的几乎所有其它子系统，都可以对应中国其他区域的相关研究，比如台湾的经济、文化、社会、历史、文学研究可以对应福建经济研究、上海文化研究、山西历史研究、四川社会研究、河北文学研究等，但台湾政治研究，却没有对应的类似江西政治研究、河南政治研究……同样，台湾舆论研究也没有对应的类似四川舆论研究、河北舆论研究……这表明，舆论研究和政治研究一样，其区域研究有着更复杂的情况与更敏感的界限。同时反映出，在台湾研究的各个子系统中，台湾舆论研究与台湾政治研究的关系最为密切，调性更趋类似。

区域经济研究和区域历史研究，对经济学和历史学往纵深发展起着不可替代的作用。台湾舆论研究作为中国舆论研究不可多得的区域研究特例，其在中国舆论研究谱系中，地位举足轻重。

第二节　台湾舆论研究几个需要厘清的关系

台湾舆论研究存在着一系列认识上的误区，这些误区主要是由对台湾舆论研究与其它研究的关系界定模糊造成的。要进一步认识台湾舆论研究，就必须厘清台湾舆论研究与其它研究的相关关系，从而确认台湾舆论的研究领域。

（一）台湾舆论研究与台湾民意研究

台湾舆论研究与台湾民意研究是最容易混淆的两个概念。其根源在于学术界对舆论的定义认识不同。相当多人认为"民意"是"舆论"的别名，只不过"民意"比"舆论"更好听一点。英文"Public Opinion"有人译作"舆论"，也有人译作"民意"。比如在大陆，大多数学者将之译成"舆论"，而在台湾，大多数学者则将之译作"民意"。在现实运用中，"舆论"与"民意"的确有相互通用之处，比如"舆论调查"也可叫"民意调查"，但是在大多数情况下，当"舆论"替换为"民意"，意思大有不同，甚至说不通。比如"国际舆论"不宜说成"国际民意"，"台湾绿营抛出舆论"更不能变为"台湾绿营抛出民意"。

"舆论"和"民意"在中文术语中，显然是指称两种不同的东西。最主要的区别有两方面：一方面是民意的"民"限定了"民意"指称的主体是"民"，而不可能是其它主体，而舆论的主体既包括"民"，也包括其它主体，比如"政府""媒介"等。"民意"只是舆论的一个部分，它和"舆论"是"种属"关系，我们可以说"民意"是一种"舆论"，但不能反过来说"舆论"就是"民意"。

"舆论"与"民意"的另一方面区别在于"民意"的"意"。中文的单字常常具有多重含义，"民意"作为一种简略的词组，其"意"可以是"意见"的简写，也可以是"意志""意愿"的简称。如果"意"是"意见"的简写，"民意"作为"人民的意见"的简写，具备了舆论的必须公开表达的形式要件，就是一种"舆论"。而如果"意"是"意志""意愿"的简写，那么"民意"的全称就是"人民的意志"、"人民的意愿"。由于意志和意愿属于内在的东西，不具备舆论公开表达的形式要件，因此，"民意"不能称之为"舆论"，是一种"准舆论"。这时的"民意"更像是卢梭的"公意"（general will）[①]。"民意"的英译似乎应是"will of people"才更准确些。

从中国用语习惯和公众理解习惯看，"民意"更偏向人民的"民"，"意"更偏向于"意志"的"志"。因此，严格地说，"民意"不是"舆论"，舆论可以表达民意，但民意本身还不是舆论。这样的区分既符合人们的约定俗成，也便于理论界定与学科建设。

台湾一些学者对"Public Opinion"译成"舆论"有些担心，因为舆论可以

---

① ［法］卢梭：《社会契约论》，何兆武译，北京：商务印书馆，1987年版，第35页。

被操纵而且有"宣传"之嫌,他们更愿意将舆论译成"民意"。其实,使用"舆论"的概念不要因噎废食。对于学科研究来说,直面舆论可能被收买、被操纵,所以更要研究它,甚至要重点研究它为什么可以被欺骗和被操纵,这也恰恰是舆论研究的重心和价值所在。

综上,应该为台湾舆论研究正名。

(二)台湾舆论研究与台湾新闻研究

不少人把台湾舆论研究等同于台湾新闻研究,或者认为台湾舆论研究是台湾新闻研究的子系统,是台湾新闻研究的一部分。

这种观点似乎得到了官方对学科分类的支持。中华人民共和国学科分类与代码国家标准 GBT 13745-2009(人文社科类)将舆论学作为三级学科,列在一级学科"新闻学与传播学"下的二级学科"新闻理论"下。

新闻可能是一种舆论,但舆论未必是新闻。甚至大部分舆论并不是以新闻的方式呈现。新闻是舆论的一种触媒,新闻在舆论的角色更多是作为舆论关注的对象,而舆论的对象多种多样,新闻只是舆论对象的一种。新闻理论对舆论研究有帮助,但新闻理论并不能直接成为舆论学的理论。舆论学有独立的理论体系,它不应是新闻理论下面的一个三级学科。

(三)台湾舆论研究与台湾传媒研究

台湾舆论研究也容易与台湾传媒研究画等号,或者认为台湾舆论研究是台湾传媒研究的子系统,是台湾传媒研究的一部分。

舆论研究与传媒研究关系密切。舆论与传媒的关系主要有两个层面:

一是传媒是舆论的一种形式,而且是最重要的形式,但舆论的形式并不只有传媒。在大众传媒时代,其它的舆论形式极容易因为大众传媒的报道而转化为传媒的舆论形式。因此,研究传媒舆论,尽管不能覆盖整个社会的舆论现象,仍可以相当程度地反映整个社会的舆论状况。但不能忽视的是,议会、讲台、沙龙、宗教活动、街头政治……也是舆论传播的形式,这些形式和舆论的传媒形式有着千丝万缕的关系,但并不相同,无视这些区别,就可能进入误区。比如台湾舆论研究,如果只是关注传媒的种种表现,没有把触角进入到台湾的桩脚舆论、地下赌场舆论、扫街拜票舆论,对台湾的舆论研究仍然可能差之毫厘失之千里。

二是传媒是舆论的一种主体。传媒是舆论极为重要的主体,但绝不是舆论的唯一主体,政府、政党、议会、财团、社团、学校、意见领袖、非政府组织以及个体，也是舆论的主体，他们都可以参与到舆论的博弈中。当然，传媒是所有舆论主体中最有受众的舆论主体，舆论战往往直接表现为媒体大战。研究台湾的舆论，不可能不关注台湾的媒体，但如果对台湾的舆论研究，不把触角延伸到台湾的政党议会、宗教团体、名人名嘴、舆论操盘手等其他舆论主体领域，对台湾舆论的研究仍然是仅得皮毛。

（四）台湾舆论研究与台湾政治研究

如前所述，台湾舆论研究与台湾政治研究的关系极为密切。两者的重叠区就是台湾的政治舆论研究。台湾舆论研究的对象，并不只是政治舆论，其它的文化舆论、商业舆论、娱乐舆论都是台湾舆论研究的对象。但政治强烈的染色性，几乎可以把一切问题政治化。政治舆论理所当然成为台湾舆论研究最重要的对象。在特定的语境中，狭义的台湾舆论研究，就是台湾政治舆论研究。

台湾舆论研究对政治的关切是天然的，但台湾政治研究对舆论的关注却是小心翼翼的，甚至是忽略的和排斥的。一个重要的说法是政治学追求真相和本质，而舆论却充满假象和偶然。伊丽莎白·诺尔-诺依曼指出，舆论是社会的皮肤[1]。在自然科学里，皮肤学是生理学重要的组成部分，皮肤科是临床医学不可或缺的科室。中医的望闻问切，帮助中医直接命中真理，外表和皮肤是中医洞察人体的最重要的路径。舆论学研究的是肤浅的对象，但舆论学却需要深刻的思想和严谨的方法。

绝大部分政治行为都可以看作是传播行为，阿尔蒙德的政治文化理论，其关键的政治体系的输入输出[2]，在舆论学看来，就是舆论的传播过程。所有的政治行动，都是在舆论的环境中进行的，而所有的政治人物和政治组织既是舆论环境的作用对象，也是舆论环境的生产者和运用者。在大众传播时代，特别是目前的人人都是麦克风的自媒体时代，政治学研究忽视舆论研究无论如何都是说不过去的。台湾的政治研究必须拓展到舆论层面，台湾的舆论研究必须深入到台湾的政治文化。

---

① 伊丽莎白·诺尔-诺依曼：《沉默的螺旋：舆论：我们的社会皮肤》，董璐译，北京：北京大学出版社，2013 年版。

② 加布里埃尔·A. 阿尔蒙德，小 G. 宾厄姆·鲍威尔：《比较政治学：体系、过程和政策》曹沛霖译，上海：上海译文出版社，1987 年版。

第三节　大陆对台湾舆论研究的现状

大陆学术界对台湾舆论的研究非常薄弱。表现如下：

1. 论文数

截至 2016 年 2 月 29 日，检索中国期刊网（CNKI），以"台湾舆论"为篇名进行模糊查询，仅有 3 位学者 5 篇论文符合条件（其中 4 篇论文来自厦门大学新闻传播学院的两位学者邹振东、乐媛，1 篇来自武汉大学传播与信息学院刘智勇）；进一步按主题、关键词、摘要、全文对"台湾舆论"分别进行模糊查询，且将"台湾舆论"作广义理解，符合条件的学术论文不超过 70 篇。尽管 CNKI 是目前中国学术文献最齐全的期刊网站，受其自身的局限（比如搜索引擎设置等），实际的台湾舆论研究应该大于这个数字，但同一参考系下，以"舆论"为篇名和主题在 CNKI 进行模糊查询，结果分别为 20078 和 106607 条；以"台湾"为篇名和主题进行模糊查询，结果分别为 54799 和 168393 条，即便是扣除其中一部分的非学术文章条目，仍可以得出结论："台湾舆论研究"无论是相对于总体的"舆论研究"还是总体的"台湾研究"，其比例极不平衡。

2. 博士硕士论文

截至 2016 年 2 月 29 日，检索中国博士学位论文全文数据库[①] 和中国优秀硕士学位论文全文数据库[②]，以"台湾舆论"为篇名进行模糊查询，只有一篇博士论文（《台湾政治文化的符号变迁研究——光复以来台湾的舆论议题演变》邹振东　厦门大学　2007 年）和一篇硕士论文（《蓝绿媒体报道与台湾网络舆论的分歧和融合——对陈光标赴台捐款事件的框架分析》刘君琳　厦门大学　2014 年）符合条件，论文均来自厦门大学。以"台湾舆论"为主题进行模糊查询，符合舆论学规范的博硕士论文不超过 20 篇。

3. 专著

目前大陆仅出版一部用舆论学方法研究台湾舆论的学术著作：《台湾舆论议题与政治文化变迁》，邹振东著，九州出版社，2014 年版。

4. 学术机构

全国高校和科研机构均没有台湾舆论的研究机构或研究部门，从一南一北两个代表性的台湾研究机构看，中国社科院台湾研究所下设：台湾政治研究室、

---

① 中国博士学位论文全文数据库：htttep://epub.cnki.net/KNS/brief/result,aspx?abprefix=CDFD。

② 中国优秀硕士学位论文全文数据：htttep://epub.cnki.net/KNS/brief/result.aspx?dbprefix=CMFD。

台湾经济研究室、台湾对外关系研究室、台美关系研究室、台湾社会文化和人物研究室和综合研究室，厦门大学台湾研究院下设：台湾政治研究所、台湾经济研究所、台湾历史研究所、台湾文学研究所和两岸关系研究所，二者都没有设置台湾舆论的研究部门。

5. 课题

2014 年 12 月 31 日前，严格的台湾舆论研究，只有一个项目（《台湾党外运动舆论刊物的"国家"论述研究》华中师范大学何卓恩，2014）列入国家社科基金的一般项目（中国历史类别），国家社科基金重大或重点项目里，台湾舆论研究项目为零。2015 年，台湾舆论研究在国家社科基金重点项目序列中终于有所突破，厦门大学新闻传播学院邹振东教授的《两岸共同舆论场的构建研究》获批为 2015 年国家社科基金重点项目，批准号为：15AXW004。

造成这种结果的原因，一是新闻传播的学者了解台湾问题的不多。新闻传播的学者研究舆论的本来就不多，而研究舆论的又偏向大陆的舆情监测、舆论引导、舆论监督研究，基本上没有台湾研究的学术背景。二是研究台湾问题的学者懂得舆论的也不多。研究台湾问题的学者大都是从政治学、经济学、国际关系、历史文化切入台湾研究的，基本上没有舆论学的学术背景。这样的双重忽略，导致台湾舆论研究的尴尬局面：无论是研究队伍还是学术成果，它连基本的量都不够，更遑论质了。

台湾舆论研究的这种现状，和它所承担的社会责任及历史使命极不相适应。台湾问题的重要性不言而喻，台湾问题本质是政治问题，最终形式是法律问题，根本是文化认同问题，而最主要的表现是舆论问题。无论是政治经济还是文化手段，其最后都要转化为舆论手段。必须通过舆论来改变民意，让"一个中国"的舆论，成为两岸认同的民意，再由认同中国的民意，推动和平统一的实践。舆论是解决台湾问题最初也是最终的手段，即便是军事斗争，舆论也要先行，并需其最后收尾。台湾的问题是民心的问题，民心的问题要用舆论的方法，可以说抓住台湾舆论这个牛鼻子，就是抓住了台湾问题的关键。

第四节　台湾舆论研究的存在价值

台湾舆论研究的存在意义由两个方面决定，一是台湾舆论研究的社会价值，二是台湾舆论研究的学术价值。台湾舆论研究的社会价值如前所述，而台湾舆论研究的学术价值堪称富矿，主要表现在以下几个方面：

1. 台湾舆论有着相对完整的发展周期

台湾舆论历经集权时代、解严解禁、政党轮替、二次政党轮替，走过威权政治文化、参与型政治文化等多个形态，有着舆论发展史几乎完整周期的链条，甚至可以进行长时段舆论史的发展研究。

2. 台湾舆论议题的"米"字形层叠错位结构

台湾的舆论议题不仅丰富多样，而且盘根错节。除了一般舆论场常见的议题，还有一些特殊的议题，比如两岸议题，使得区域性的舆论场有着主权议题。即便是族群议题，也交织着三个议题：省籍议题、台湾意识/中国意识议题和统独议题。更特别的是其族群议题与阶层议题、国家主权议题重叠交错，构成一个米字型结构。两德、朝韩、苏格兰、北爱尔兰……都有国家主权议题，但前两者几乎没有族群议题，后两者没有阶层议题，独有台湾议题三个议题层叠错位在一起，使得台湾的议题扑朔迷离、变化多端。在认同性议题上最怕重叠交叉，认同性议题本来就很麻烦，一旦若干个认同性议题盘根错节在一起，无论对它的认识、把握还是解决都倍加困难。

3. 台湾舆论主体的多层多样

台湾舆论主体有着一般舆论场完备的舆论主体，比如政党、议会、财团、社团、宗教领袖、意见领袖等，它还有三个特殊的舆论主体：大陆、美国和日本。特别是前两个舆论主体对台湾舆论场的影响无时不在，举足轻重。使得台湾舆论场的舆论主体的博弈异常复杂。

4. 台湾舆论场的环境相对独立

台湾是一个岛，它的边界相对分明。不像中国大陆其它的区域舆论场，边界不清楚，进行定量分析时，变量可能受干扰。台湾舆论场轮廓清楚，像一个天然的封闭实验室，是一个十分难得的舆论场研究样本。

5. 台湾舆论形式异常发达

台湾舆论形式的发达堪称全球第一，美国、英国、德国、法国、日本、香港等国家和地区，都没有台湾这么发达的舆论形式。仅以电视政论节目为例，2004 年台湾地区领导人选举期间，每晚 8 时起至深夜 12 时止，共有 10 个频道、32 个政论节目播出。为了解台湾特殊的政治生态与节目形态，国际性媒体如 CNN、BBC、美国《时代周刊》《新闻周刊》等，都曾专门派员来台报道整晚播出的政论节目。

台湾的舆论形式发达，与它没有培育出成熟的舆论禁忌有关。比如族群议题，在美国是舆论禁忌，在美国竞选，很难想象一方会指责对方是"卖美集团"，但在台湾，指责对方政党是"卖台集团"却畅通无阻。因为舆论的尺度大，台湾在舆论战法方面也创意百出，诸如"两颗子弹""三只小猪"等舆论战法，都是舆论史前无古人的经典案例。

综上，台湾舆论场是舆论研究的前沿题材，对它的研究可以为舆论学得出普遍性的结论，产生世界性的影响。

第五节　台湾舆论研究的近期热点

台湾舆论研究近期有以下十大课题值得投入：

1. 台湾选举与新媒体舆论战

2014 年的"九合一"选举是台湾新媒体介入台湾选举标志性的转折点，新媒体对台湾政治生态和舆论场的改变已经起着关键性的作用。

2. 台湾舆论场大数据分析

台湾每天大约产生 60 亿字节的互联网新信息，对其进行长期跟踪研究，有助于捕捉台湾民意的走向和政治文化的转型。

3. 两岸共同舆论场研究

在大陆和台湾这两个舆论场之间，还存在着第三个舆论场，即"两岸间舆论场"。"两岸间舆论场"包括六个子系统：大陆对台舆论，大陆涉台舆论，大陆关于两岸关系的舆论，台湾对陆舆论，台湾涉陆舆论以及台湾关于两岸关系的舆论。借鉴"两岸共同市场"概念，大陆和台湾两个舆论场应共同建构一个增进两岸"一个中国认同"的"两岸共同舆论场"。

4. 大陆善意的舆论逆转研究

大陆持续对台湾释放善意，但在台湾舆论场却出现舆论逆转。实体的善意为什么得不到舆论的支持？这样典型的案例有助于发现"善意传播"的舆论规律。

5. 台湾舆论场与香港舆论场的交叉传染研究

台湾和香港两个舆论场早就相互影响，在"太阳花学运"和"香港占中"运动已呈现交叉传染的现象。"九合一"选举这种交叉传染持续发酵，值得进一步观察。

6. 台湾新意见领袖研究

从主笔到广告人再到电视名嘴，台湾意见领袖随着台湾舆论形式的变化出现代际更替，互联网特别是移动互联网时代，台湾的意见领袖再次出现大面积洗牌。

7. 台湾新舆论操盘手研究

台湾的选举舆论战从党部到竞选总部，再到今天的咖啡馆的战争，舆论战的指挥部越来越移动化。几个人在咖啡馆运筹帷幄，外面刀光剑影、杀声一片，舆论操盘手的转型是关键。

8. 台湾的独立媒体研究

台湾的独立媒体早就在酝酿，这两年接着新媒体慢慢崛起，他们必将改变台湾的媒体生态、政治生态和舆论生态。

9. 台湾批踢踢研究

大数据显示，"习马会"在台湾的新媒体新闻中，其正面关键词都超过负面，但在批踢踢论坛，正面关键词几乎寸草不生。显示在舆论导向的关键性论坛里，影响台湾年轻人巨大的批踢踢舆论场，其舆论的倾向绝对性地一边倒（用压倒性地一边倒都不足以形容其全军覆没）。但大陆对批踢踢舆论场知之者甚少，更遑论研究。

10. 台湾舆论娱乐化研究

台湾舆论战的战法发生巨大变化，懒人包、表情包，舆论威力凶猛。其中贯穿的一条主线是台湾舆论的娱乐化。从邱毅定时爆料，到百万倒扁，再到三只小猪，一脉相承，千变万化，不容忽视。

台湾舆论研究的存在是由其研究对象决定的，无论是台湾研究还是舆论学研究，都不能忽视台湾舆论研究的存在。目前的不对称状况，期待更多有识之士加入这个研究队伍。地利早有，天时已对，正盼人和！

（邹振东，厦门大学两岸关系协创中心研究员，厦门大学新闻传播学院教授。）

第二章　年度报告：大数据视域下的 2015 年 台湾网络舆论场

年度报告，是舆论战复盘的一种常见形式，本章选择 2015 年这一特殊年份，运用大数据，对台湾网络舆论场进行个案研究。

2015 年，是 2016 台湾地区领导人选举决战的一年。各种政治诉求都会在舆论场投射，各个利益团体都会在舆论场博弈。网络舆论场既是政治角力的必争之地，也留下实时的数字化记忆。只要有活动，就会有痕迹。这些痕迹折射出丰富的社会历史信息。运用大数据对台湾网络舆论场进行年度扫描，可以发现台湾舆论场的结构性特征，解读台湾舆论发展脉络的历史节点。

2015 年是台湾舆论发展特殊的一年，台湾舆论这条河于 2014 年出现新拐点①，2015 年则发生大转弯。历史有着惊人的相似，2005 年，台湾舆论也预先出现拐点②，并于 2007 年发生大转弯。③

对台湾网络舆论场的年度分析，最重要的有三个问题：2015 年台湾网络舆论场最关注什么？台湾网络舆论场是怎样生成的？谁在影响台湾网络舆论场？这一章我们从舆论议题的分布与特点、舆论口碑的生成与呈现、台湾媒介的网络竞争力、台湾意见领袖的传播力及台湾政治人物的网络影响力等五个方面，对 2015 年台湾网络舆论场展开讨论，通过内容观察和自动语意技术，盘点舆论议题分布，分析舆论主体构成，梳理台湾网络舆论场的特点，讨论台湾网络舆论场的新发展与新走向。

论文研究大数据来源以台湾 i-Buzz 系统为基础，参考台湾意兰资讯、OpView 社群口碑数据库。i-Buzz 目前系统抓取的频道范围在 Alexa 的 Top 500

---

① 邹振东：《2014 年台湾九合一选举复盘》，《南方周末》，2014 年 12 月 11 日。
② 邹振东：《台湾舆论发展变化的拐点及趋势》，《台湾研究》，2006 年第 3 期。
③ 邹振东：《2008 台湾改变》，《南方周末》，2008 年 4 月 3 日。

Sites in Taiwan 排序中，排除购物网站、内容农场网站、政府官网、学校官网、商用网站（如品牌官网）、影音网站、成人网站、交友网。意兰资讯是全台湾最大的社群观测平台之一，专精于搜寻、自动语意、网路社群分析等尖端网络技术，具有巨量资料处理、搜索引擎、电脑新词学习等方面能力。Opview 是台湾最大的云端网路舆情观测中心之一，具有上百台云端主机，涵盖台湾九成以上的社群流量，自 2012 年起，累积数亿笔社群大数据。本研究选择以上数据对 2015 年台湾网络舆论进行全面扫描，并在数据收集过程中，先依照该研究进行目标定义，再经人工方式逐一检视以争取数据全面覆盖。

本次报告所采用的口碑资料覆盖台湾互联网全网，大部分数据覆盖 2015 年全年，部分数据以 2015 年 7 月至 12 月的数据入样。本研究有关舆论议题部分，通过事件关键词设定，统计分析台湾地区 2015 年 1 月至 12 月的网络热门话题。选取新闻（279 个）、专栏（159 个）、论坛（353 个）、博客（台湾称之为部落格，201 个）、维基（6 个）共 998 个频道进行口碑数据统计，共获得 2 008 178 笔口碑。本研究有关舆论主体部分，选择台湾网络媒体中最具影响力的 Facebook 作为研究对象，分析台湾舆论场各舆论主体在 Facebook 上的竞争力和影响力，具体分为三个子主题：台湾各媒体粉丝专页指数排行分析、台湾网络社群活跃意见领袖分析以及台湾蓝绿政治人物粉丝专页指数分析。

本研究参考 i-Buzz 系统，就相关概念定义如下：

1. 网络舆论场：以互联网为媒介或环境而形成的舆论场域。

2. 口碑：Word of Mouse，由网友产制，针对品牌、产品信息或是特定主题提供自身经验、意见与相关知识的分享与讨论。

3. 口碑数：指于数据统计范围内，各频道及论坛之讨论数及留言数。

4. 网络社群：Online Community，又可称为虚拟社区，是拥有相同目的或兴趣的一群人，在网络上形成的具公开性质的讨论群体。

5. 专栏：Column，网络上具有明确主题，由特定编辑者针对该主题进行信息或知识分享的场域。

6. 论坛：Forum，网络上具有明确主题，由网友针对该主题进行信息或知识分享的场域。

7. 独立媒体：Independent Media，相对于主流媒体（如《中国时报》《联合报》）之媒体类别。独立媒体针对特定社会主题或族群进行探讨，例如居住正义、政治"外交"、环境保育、劳工、农民等，且多以群众捐款方式营运。其受官方财团的干预程度较少，是台湾民众避免信息垄断，获取信息来源的另一种管道。

8. 内容网站：网站的信息内容并不完全由自身产制，多为转发其他媒体的新闻稿或信息。本报告之内容网站粉丝专页包括 ETtoday 新闻云、NOWnews 今日新闻、UDNTV、"中央社"新闻粉丝团、PTT Gossiping 批踢踢八卦版、《民报》。

9. 媒体专页 / 粉丝专页：粉丝专页为 Fanpage 的统称，依照创立者的属性，再细分为媒体粉丝专页（亦可称媒体专页）、政治人物粉丝专页（亦可称政治人物专页）等不同类型。

10. 有效粉丝页：指若目标监测者为 100 人，但其中仅 80 人开设官方粉丝专页，其余 20 人可能未开设专页而仅开设非公开性质的社团、仅有地标页等，根据 Facebook 隐私权限制，系统仅能抓取前者的公开粉丝专页，因此将这 80 个具分析意义的专页称为有效粉丝页。

第一节　2015 年度台湾热门舆论议题的分布与特点

通过大数据统计，获得 2015 年度台湾热门话题前 20 名的议题榜单（见表 2–1）。需要说明的是，长达一年的时间跨度内，不同时点发生的事件，其对议题热门度的影响力会略有不同。如相对于在年末发生的事件，在年初发生的事件可能会拥有更多的议题口碑数。舆论年度分析，是一个断面扫描，任何年度的横切面节点，都不太可能和舆论自然生命周期节点完全一致，可能存在的时间不可比性是年度分析的"宿命"，甚至是所有时间维度舆论分析的"原罪"。但从台湾 2015 年热门议题 TOP20 口碑趋势看（见图 2–3），2015 年度台湾热门话题前 20 名的议题，绝大部分完成了一个闭合的舆论生命周期，极少多次舆论起伏，特别是各议题舆论波峰与波谷的差距甚远，其时间不可比性所造成的误差可以忽略不计。

从表 2–1 看，认同议题、选举议题、两岸议题、安全议题、青少年议题是 2015 年台湾舆论场最受关注的议题。同时，台湾网络舆论场舆论兴奋点的内卷化十分严重。

表 2-1 2015 年台湾网络热门话题 TOP20 排名

排名	议题	口碑数	事件类型
1	高中课纲调整争议	408938	青少年、两岸
2	八仙乐园派对粉尘爆炸事故	285160	安全
3	远雄大巨蛋争议	239077	安全、政治
4	"习马会"	185611	政治、两岸
5	林凤营秒买秒退	125293	社会、两岸
6	"总统大选"国民党粗暴换柱	124493	政治
7	不分区"立委"选举	103954	政治
8	李蒨蓉特权参观阿帕契	96519	政治、社会
9	王如玄军宅案	85279	政治
10	波卡风波	67409	政治、社会
11	台南登革热	50948	安全
12	网络红人杨又颖遭霸凌自杀	46729	安全、青少年
13	雄监惊爆挟持案	36664	行政
14	"割阑尾"事件	35798	政治、法律
15	男子闯小学随机杀人	23382	安全、青少年
16	复航客机坠基隆河 43 死	21274	安全
17	江蕙封麦	20153	娱乐
18	魏应充获判无罪	19957	司法
19	法国连遭恐攻 130 死	16293	安全
20	茶安风暴	15247	安全、商业

数据来源：台湾"艾博司网路口碑研究中心"（i-Buzz Research）

（一）认同议题让课纲争议高居榜首

从 2015 年台湾网络热门话题的规模来看，"高中课纲调整争议"高居榜首，远超第一阵营的第 2 名"八仙乐园派对粉尘爆炸事故"和第 3 名"远雄大巨蛋争议"；"习马会"处在第二阵营前列；10 万以上口碑数仅有 7 项，排名第 20 的"茶安风暴"仅有 15 247 笔口碑。

对比台湾"中央社"评出的 2015 年度台湾十大新闻，可以看出媒体评出的十大新闻与网络上的 TOP20 话题大致重叠。"八仙乐园派对粉尘爆炸事故""远雄大巨蛋争议""习马会""'总统大选'国民党粗暴换柱""李蒨蓉特权参观阿帕契""台南登革热""雄监惊爆挟持案""复航客机坠基隆河 43 死""江蕙封麦"同时上了两个榜单，但网络口碑数最多的"高中课纲调整争议"竟然没有上十大新闻榜单，十大新闻居榜首的"习马会"在网络口碑排名中仅居第 4，口碑数只有"高中课纲调整争议"的二分之一，甚至不如"远雄大巨蛋争议"（参见表 2–2）。

表 2–2 台湾"中央社"评选的"2015 年度台湾十大新闻"

排名	名称	时间	事件类型
1	"习马会"	11 月 7 日	政治
2	八仙乐园尘爆事件	6 月 27 日	社会安全
3	废"柱"立"伦"	10 月 17 日	政治
4	登革热疫情	8 月	社会安全
5	复兴航空空难	2 月 4 日	社会安全
6	赖清德申诫处分	10 月 30 日	行政
7	高雄越狱事件	2 月 11 日	政治事件
8	江蕙封麦引退	9 月 13 日	娱乐
9	阿帕契贵妇团	3 月 29 日	政治
10	"劳基法"修正案	5 月 15 日	法律

资料来源：台湾"中央通讯社"（CNA）2015 年 12 月 30 日

上了传统媒体十大新闻却没有上网络口碑榜的事件，有"赖清德申诫处分"和"劳基法"修正案。民进党籍市长的负面新闻没有在网络发酵，反观"王如玄军宅案"，却重创国民党选情。

网络口碑前 20 名却没有上传统媒体十大新闻的事件中值得关注的有"林凤营秒买秒退""魏应充获判无罪""王如玄军宅案""波卡风波"。前三个涉及执政党的负面新闻，"中央社"可能有所回避，但对柯文哲有负面影响的"波卡风波"落选，却匪夷所思。此外如"网络红人杨又颖遭霸凌自杀""割阑尾事件""男子闯国小随机杀人""茶安风暴"未在传统媒体十大新闻之内，可以看出台湾两种舆论场各自侧重的确大不同。

（二）选举议题压倒一切

2015年台湾舆论话题涉及多个方面。依照事件性质分类，以台湾政治、公共安全及社会议题的话题最多，三者各占20%。台湾政治包括选举（10%）、贪渎（5%）、政党角力（5%）三个子议题。其次是食品安全（15%）、两岸关系及对外事务（5%）、岛外新闻（5%）、防务安全（5%）、教育政策（5%）及影剧娱乐（5%）（如图2-1）。

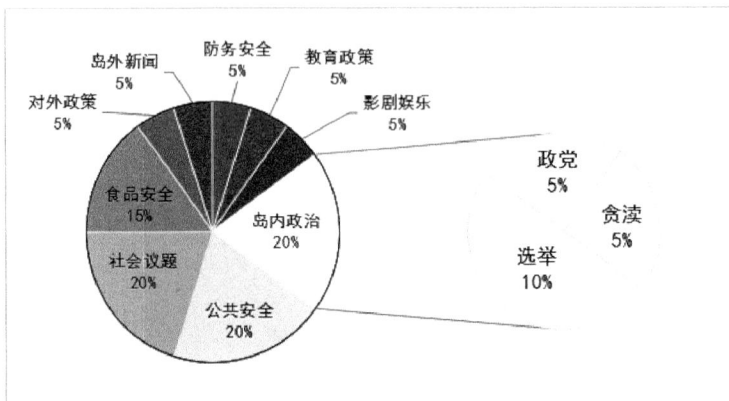

图2-1 台湾2015年TOP20热门议题类型

2015年是台湾"大选"年，大数据显示似乎只有"'总统大选'国民党粗暴换柱"、"不分区'立委'选举"属于选举事件，但透过数据的表象进一步分析，就会发现很多议题都被染色成为选举议题，如"高中课纲调整争议""林凤营秒买秒退""李蒨蓉特权参观阿帕契""王如玄军宅案""魏应充获判无罪""茶安风暴"等。这些事件涉及认同议题、权贵议题、贪腐议题、食安议题等等，最后都演变成选举舆论战的攻防议题。其他的公共安全、人身安全等议题，也可以进行选举操作。综合议题类型分析，口碑数量排前20的事件中至少四成与台湾选举密切相关，甚至是因为选举才炒作成热门话题。数据显示，不仅选举本身是台湾民众关心的重大事件，选举过程中阵营与派系纷争也已渗透到社会民生各个方面。

（三）两岸议题或隐或现

同样容易被数据表象迷惑的是两岸议题。以"魏应充获判无罪""林凤营秒买秒退"事件为例，事件起因于顶新国际集团因劣质油品事件导致社会极大不满，在一审审判时顶新集团负责人魏应充等6人全部获判无罪，民众自发前往量贩店购买顶新旗下味全公司的林凤营鲜乳，并利用量贩店退货机制，在购买后立刻拆封退货。表面上看这是一个台湾民众针对顶新国际集团发起的抵制运动，属于食安议题引发的消费群体事件，但由于顶新集团的大陆台商身份，不可避免地被操纵成为两岸议题。

两岸关系攸关台湾前途与命运，成为台湾舆论场热点并不奇怪，但在"大选"年前，两岸关系更容易被选举操作成选举子弹。本次上榜的两岸议题除"习马会"外，"'总统大选'国民党粗暴换柱"、"不分区'立委'选举"也都不同程度染色为两岸议题。至于"高中课纲调整争议"，更涉及两岸认同，绝非简单的教育议题。

两岸议题是台湾染色性最强的议题，台湾大部分舆论争议，都容易转化为两岸议题。两岸议题中的统"独"议题，更是台湾能量级别最大的议题。在台湾政治认同的谱系中，蓝绿是最重要的标签，而蓝绿就是按照两岸议题的统"独"议题进行划分的。两岸议题是台湾舆论场的一种幽灵议题，一个议题之所以能够成为热门话题，往往和它的潜议题是两岸议题有关，一些本来可以就事论事的议题因为受两岸议题的影响而复杂化，两岸认同的分歧甚至分裂，加剧了舆论双方的碰撞，使得舆论议题特别活跃并持久。

（四）安全议题超过半数

2015 年台湾网络 20 大议题与安全感相关的超过半数，总计 11 个，分别是"八仙乐园派对粉尘爆炸事故"、"林凤营秒买秒退""台南登革热""网络红人杨又颖遭霸凌自杀""雄监惊爆挟持案""割阑尾事件""男子闯国小随机杀人""复航客机坠基隆河 43 死""魏应充获判无罪""法国连遭恐攻 130 死""茶安风暴"，既涵盖社会治安、食品安全、公共卫生安全、公众出行安全、避难者行为安全、人员疏散的场地安全等公共安全领域，也涉及个人的人身安全。

安全是人类的基础需要。对安全新闻的关注实属正常。但对安全的重视，未必转化为巨大的口碑数，只有安全值得讨论，才会从关注度转化为口碑数。台湾网络口碑 TOP20，安全议题占了半壁江山，显示安全是台湾民众最容易聚焦的舆论诉求，安全感是台湾民众最敏感的舆论情绪。

（五）青年议题引力更强

2015 年台湾网络热点议题显示，青年议题引发网民关注的概率更大，这和网民以青少年为主的构成正相关。"高中课纲调整争议""八仙乐园派对粉尘爆炸事故"排在前两位，既是重大议题，也是青年议题。排在第 12 位的"网络红人杨又颖遭霸凌自杀"口碑数 46729，超过排在议题第 16 位的"复航客机坠基隆河 43 死"（口碑数 21274）和排在第 19 位的"法国连遭恐攻 130 死"（口碑数 16293）的口碑数之和。事件的重大性指数与口碑数排序倒置，显示在台湾，青少年的偏好变量较之事件重大性变量对舆论口碑数的影响幅度更大。

（六）舆论议题内向严重

上榜议题总体偏小，最突出表现在仅有一条国际新闻上榜，即"法国连遭恐攻 130 死"，而且排在第 19 位，低于"江蕙封麦"（第 17 位）。对比大陆，"欧洲难民引发国际关注"排在大陆人民网 2015 年网络热点事件第 9 位①。对比国际互联网，Facebook 根据 15 亿用户在 2015 年的选择，选出的十大热门话题分别是："美国大选""11 月 13 日的巴黎恐袭""叙利亚冲突及难民危机""尼泊尔地震""希腊债务危机""同性婚姻""抗击'伊斯兰国'（ISIS）""法国《查理周刊》恐袭""美国巴尔的摩抗议"和"查尔斯顿枪击案"②。据 2014 年台湾"中央社"报道，台湾"资讯工业策进会"（简称"资策会"）调查显示，超过 96% 台湾网友近期曾使用社交网站，其中最常使用的社交网站是 Facebook。而据台湾《经济日报》报道，Facebook 2014 年 2 月 27 日公布最新用户数据显示，2013 年第 4 季度台湾地区约有 1500 万人每月登入 Facebook，以人口数 2300 万人计算，渗透率高达 65%，稳居全球之冠，其中，多半是移动手机用户的贡献。

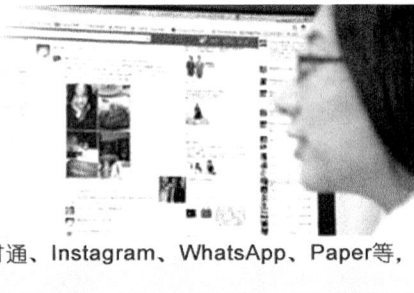

项目	内容	
用户数据（2013年第4季）	月活跃用户数	1500万人
	日活跃用户数	1100万人
	行动月活跃用户数	1200万人
	行动日活跃用户数	850万人
近期布局	● 扩充大中华区团队规模 ● 增加台湾代理商至两家	
产品规划	● 旗下APP包括Facebook即时通、Instagram、WhatsApp、Paper等，各自持续发展特色	

资料来源：脸书　　　　黄国蓉/制表　　　　经济日报

图 2-2 Facebook 最新台湾用户数据与市场规划

因为"远小近大"原则，区域舆论场所关切的话题自然与全球舆论场的侧重不同，但作为一个同心圆的一部分，应该还是会发生同频共振效应。虽然台

---

① 人民网舆情监测室：《2015 年起点舆情事件》，2015 年 12 月 24 日，htep://yuqing people com cn/nl/2015/1224/C401685-27972434/html。

② 参见 htep://www.guancha.cn/america/20151210344222.shtml。

湾以 Facebook 作为首选社交媒体，且台湾是 Facebook 全球渗透率第一地区，全球性热点话题 TOP10 居然无一投射到台湾网络的十大热点话题，显示台湾网民舆论兴奋域的内导向严重。

榜单中特别值得关注的是排在第 5 位的"林凤营秒买秒退"与排在第 19 位的"魏应充获判无罪"。二者源于同一个事件——"顶新集团食品安全事件"。作为司法判决，"魏应充被判无罪"是原发性、被动性事件，其争议是客观的、实质性的。作为行为艺术，"秒买秒退"是后继性、主动性事件，其反应是主观的、附加的。但前者作为真正的原始争议，引发的口碑数仅有 19957，而经过意见领袖的策划，后者作为原始争议的演绎，口碑数却达到了 125293，是前者口碑数的 6 倍。舆论是可以建构的，事件本身的分歧，和舆论建构后的分歧，相差的不仅仅是简单的比例。如果只从政治经济学来分析顶新集团事件，是看不到舆论场这样微妙的变化的。台湾的分歧甚至分裂固有其原发性基因，但分裂到如此严重，舆论的建构起着变压器的巨大作用。

第二节　2015 年台湾舆论口碑的发生与呈现

（一）舆论口碑的来源：论坛为舆论口碑主要平台

经 i-Buzz 统计，台湾 2015 年网络热门话题的讨论集中在论坛（92%），其次是新闻（8%），专栏、博客（台湾称之为部落格）、维基类网站上的讨论占比较少，论坛成为口碑发布主要平台。这表明客观性报道的新闻在台湾网络舆论场的分量逐渐式微，而评价性讨论的论坛在台湾网络舆论场的作用举足轻重。口碑，就是舆论战的子弹，口碑的来源，反映出舆论战的火力来源。论坛口碑数压倒性地超过新闻口碑数，说明新闻作为舆论的武器，火力不足，而论坛是台湾网络舆论战的主战场。

（二）舆论口碑的发酵：认同议题比事件与政策议题更容易持久

综观而言，台湾 2015 年网络关注的热门话题讨论量约介于 1.5 万至 10 万笔左右，超过 10 万笔口碑之话题即可归类为大型议题，且易有子议题持续延伸发酵。从话题口碑趋势图来看，排名前二的热门话题除了口碑高峰明显外，波峰的延烧时间也较长，约可横跨 4—5 个月。其余话题除非后续有新的子议题出现，网友关注的波峰时间仅为 2 个月左右（参见图 2-3）。

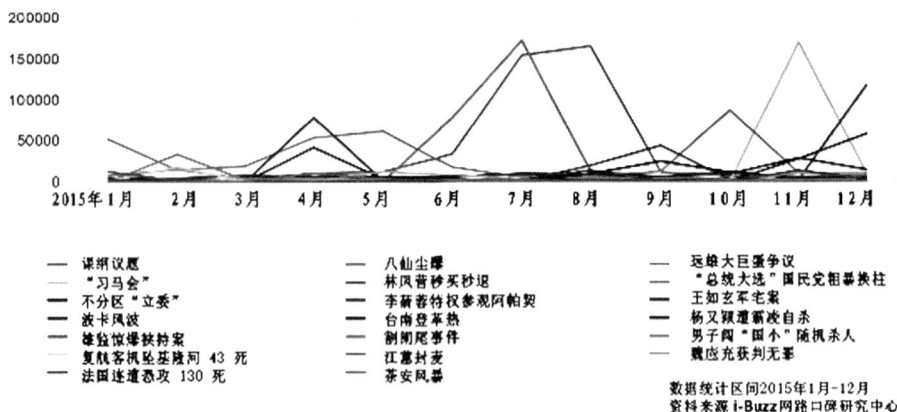

图 2-3 台湾 2015 热门议题 TOP20 口碑趋势

排名前三的舆论发酵，各有不同。

排名第 1 的"课纲议题"，属于认同性议题，1—2 月低空徘徊，3—5 月几乎沉寂，到 6 月开始抬头，7、8 月冲到口碑最高峰值区域，显然是有团队在配合选战、操纵议题的结果（参见图 2-4）。

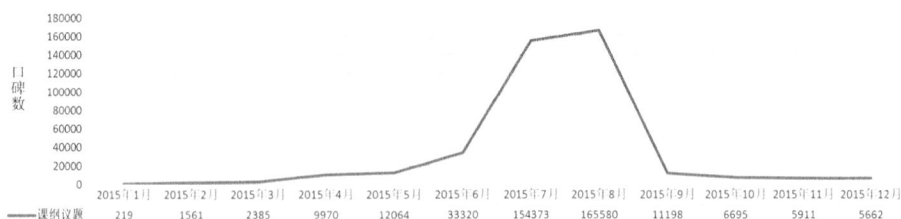

图 2-4 TOP1"课纲议题"口碑趋势

而排名第 2 的"八仙尘暴"，则是一个事件性议题，典型的突发事件的自然曲线图，突然爆发，达到高潮，随着情绪宣泄完，没有后续议题，迅速沉寂（如图 2-5）。

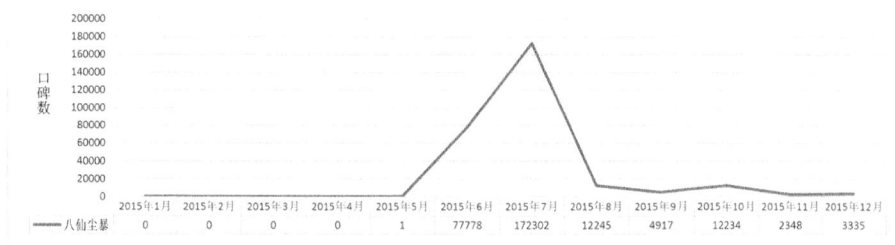

图 2-5 TOP2"八仙尘暴"事件口碑趋势

排名第 3 的"大巨蛋争议"则是政策性议题一直在发酵，却一直没有达到沸点，随着新信息的增加，沉寂后又复苏，持续低空起伏。由于持续时间长，仍然占据排行榜前三（如图 2-6）。

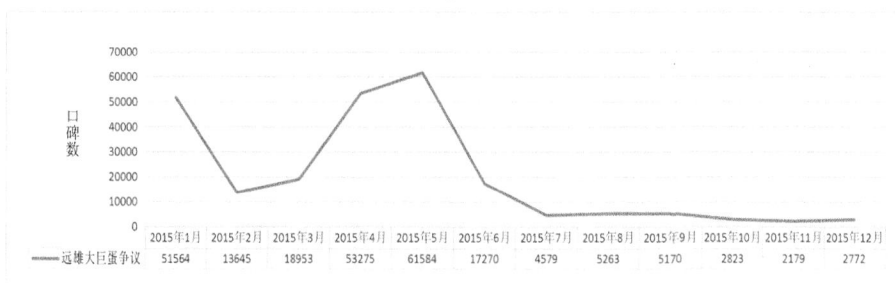

图 2-6 TOP3"远雄大巨蛋争议"口碑趋势

而排名倒数第 3 名的"魏应充获判无罪"，峰值并不高，但其与"林凤营秒买秒退"议题炒作相呼应，拉长了持续时间（参见图 2-7）。

图 2-7 TOP18"魏应充获判无罪"事件口碑趋势

而排在最后两名的"法国连遭恐攻 130 死"、"茶安风暴"，其波峰都是陡然升高陡然下降，波峰跨度不长，峰值不高（如图 2-8、图 2-9 所示）。

21

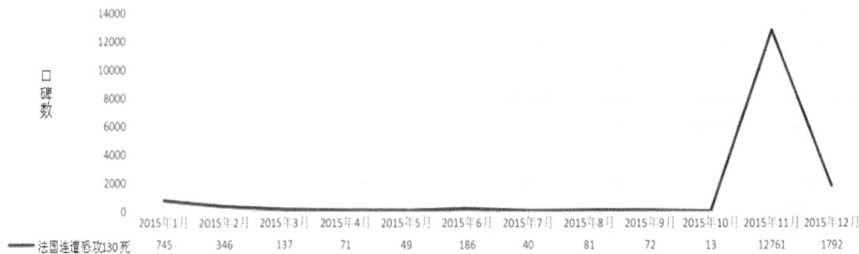

图 2-8 TOP19 "法国连遭恐攻 130 死" 事件口碑趋势

	2015年1月	2015年2月	2015年3月	2015年4月	2015年5月	2015年6月	2015年7月	2015年8月	2015年9月	2015年10月	2015年11月	2015年12月
法国连遭恐攻130死	745	346	137	71	49	186	40	81	72	13	12761	1792

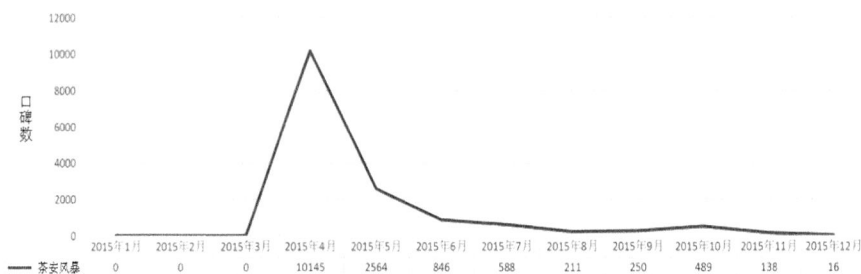

图 2-9 TOP20 "茶安风暴" 事件口碑趋势

	2015年1月	2015年2月	2015年3月	2015年4月	2015年5月	2015年6月	2015年7月	2015年8月	2015年9月	2015年10月	2015年11月	2015年12月
茶安风暴	0	0	0	10145	2564	846	588	211	250	489	138	16

以上数据显示，认同性议题持续时间容易拉长，事件性议题则容易陡升陡降，政策性议题如果争议没有平息，容易绵延。

（三）舆论口碑的出口：政府是舆论最主要的归因对象

由热门议题影响层级图来看，政府及企业所引起的话题占 75%，加上政党、政商话题则高达 85%（如图 2-10）。除了直接的政治话题外，网友亦将部分社会事件（如"李蒨蓉特权参观阿帕契""雄监惊爆挟持案""男子闯'国小'随机杀人"）归因于当局无所作为，导致社会机制失灵。另外如"网络红人遭霸凌自杀"事件，在媒体报道下，引起民众猜测谁是霸凌者，造成短暂的"猎巫风潮"；亦有网友检讨台湾的教育及整体社会环境，思考是否应正视霸凌问题，并提出解决方法。

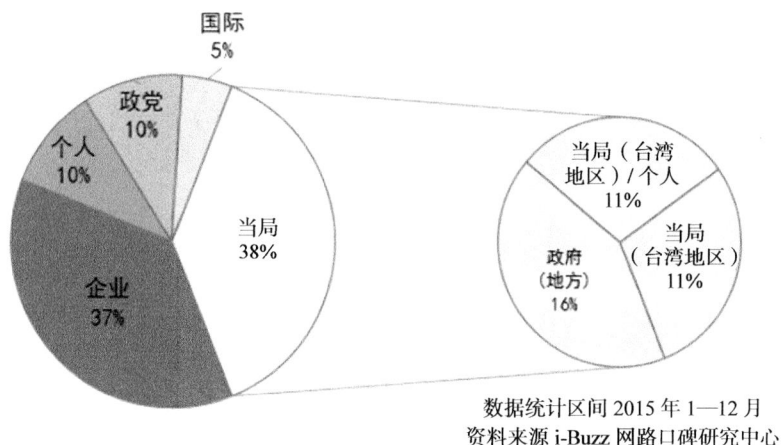

数据统计区间 2015 年 1—12 月
资料来源 i-Buzz 网路口碑研究中心

图 2 - 10　台湾 2015 年热门议题影响层级

舆论是弱势群体最重要的武器，当局始终坐在舆论的火山口，舆论的出口最可能指向当局。无论是政治事件、商业行为，还是社会事件、自然灾害，当局都会成为被追问的对象。可以说，舆论影响当局，舆论主要影响当局。

（四）舆论口碑的覆盖范围：台湾共同舆论场的存在

以台湾全网络考察口碑数，影响全台湾的议题更容易成为热门议题。高达 80% 的议题涵盖全台湾，其中多为关于当局政策与社会现象的讨论，显示台湾共同舆论场的存在。其余议题分别聚焦于台北市、新北市、台南市及高雄市，四者各占 5%，显示非直辖市的地方性议题难以在全台湾聚焦，而 4 个直辖市也相当平均，没有出现一方独大的现象，各 5% 的比例与 80% 相比，差距很大，没有一个地方性话题的影响力足以与全台湾话题的影响力相抗衡（参见图 2–11）。

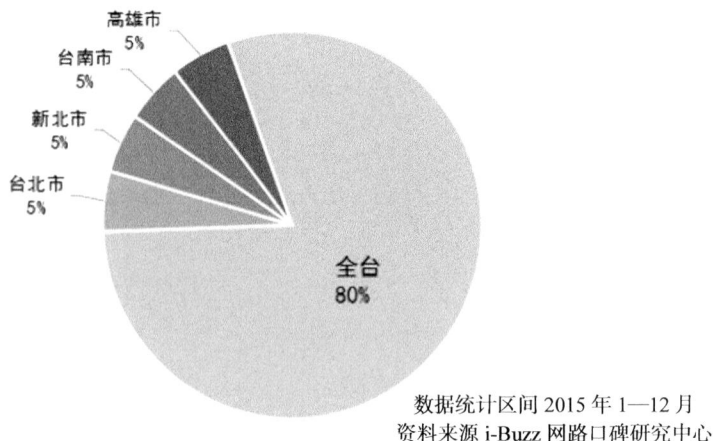

数据统计区间 2015 年 1—12 月
资料来源 i-Buzz 网路口碑研究中心

图 2-11 台湾 2015 年热门议题影响范围

反观前引 Facebook 的年度热门话题，除了"同性婚姻""抗击'伊斯兰国'（ISIS）"是全球性话题外，其余都是区域性话题，显示全球性的共同舆论场并没有建立。

第三节　舆论主体之一
——台湾媒介，网络竞争力及政治立场分析

本部分大数据分析选择电视媒体、杂志媒体、报纸媒体、新闻内容网站、偏政治讨论的独立媒体等共 78 个 Facebook 专页，其中有效粉丝页 77 个，统计 2015 年下半年共有 470174102 笔口碑数（含发文、按赞、留言、分享等数据），蓝绿媒体定义依维基百科。特别要说明的是内容网站，其本身即网络媒体，大部分主办者更是传统媒体，如 ETtoday 新闻云、NOWnews 今日新闻、UDNTV、"中央社"、《民报》等。为更全面分析 Facebook 的媒体角力，将 PTT Gossiping（批踢踢八卦版）也列入内容网站一并分析。这些内容网站的资讯内容并不完全由自身产制，多为转发其他媒体的新闻稿或信息。

下文将涉及的相关名词定义如下：

讨论度：专页贴文及其获得的按赞数、留言数、分享数，表示该专页的讨论热度。

人气度：该粉丝专页拥有的粉丝规模。

参与度：与该专页进行按赞、留言、转贴等互动的 Facebook 用户数量。

活跃度：该专页的发文与回复等经营状况。

渲染度：每篇经营者贴文可获得按赞、留言、转贴等响应，以及信息扩散能力。

（一）不同媒介的网络竞争几乎零门槛

从台湾网络社群 TOP20 媒体粉丝专页指数（见表 2-3）看，媒体母体的媒介属性并不是媒体在网络社群的竞争力决定性因素，《苹果日报》、ETtoday 新闻云、《壹周刊》稳居前三甲，它们分别代表的是报纸、电视和杂志。报纸、电视和杂志，原来有不同的受众领域，井水不犯河水，但在 Facebook 上同台竞争。不同的媒介出身，并没有构成竞争的关键性壁垒，无论是报纸、电视还是杂志都可以做到最好，或者比别的媒介更好。如果一家电视台要办一张报纸，或者一家杂志社要办一个电视台，其跨界经营所遭遇的壁垒，远超自己的老本行，而 Facebook 却把不同媒介的竞争降低到几乎零门槛的地步。

表 2-3 台湾网络社群 TOP20 媒体粉丝专页指数

综合排名	粉丝专页名称	立场	传播度		人气度		参与度		活跃度		渲染度	
※ 本表数据统计期间为 2015 年 7—12 月												
			口碑数	排名	粉丝数	排名	参与数	排名	发文数	排名	平均回应	排名
1	苹果日报	中立	89758609	2	2304829	1	4456514	1	19694	1	4555	2
2	ETtoday 新闻云	蓝	98725845	1	1274468	2	3981667	2	13824	5	7142	1
3	壹周刊	中立	61667263	3	1216273	3	3538229	3	15474	4	3985	3
4	自由时报	绿	37164384	4	726437	8	2107648	6	16020	3	2320	8
5	东森新闻	蓝	36969745	5	405698	11	3456878	4	9944	7	3714	5
6	苹果日报实时新闻	中立	35948070	6	674885	9	2391739	5	18501	2	1942	13
7	快点报报	蓝	18143256	7	343328	12	1290939	8	9282	10	1955	12
8	天下杂志	蓝	8467966	9	929627	5	828244	9	3565	28	2375	7
9	TVBS 新闻	蓝	10400955	8	146929	22	1719933	7	8330	12	1249	17

综合排名	粉丝专页名称	立场	传播度		人气度		参与度		活跃度		渲染度	
			口碑数	排名	粉丝数	排名	参与数	排名	发文数	排名	平均回应	排名
10	天下读者俱乐部	蓝	8047116	10	788829	6	434334	17	2044	38	3937	4
11	今周刊	绿	5721416	14	740467	7	490616	13	2900	31	1973	11
12	远见杂志	蓝	4248396	15	976831	4	541863	11	1862	39	2282	9
13	时报周刊	蓝	5826137	13	332964	13	481597	15	6558	24	888	20
14	三立新闻	绿	6789543	11	98363	30	711117	10	6904	14	980	19
15	风传媒	中立	6410029	12	119758	26	391137	18	9400	9	682	22
16	商业周刊	蓝	3653971	16	641718	10	487512	14	2397	36	1524	15
17	关键时刻	中立	3345284	17	178920	19	509078	12	2516	34	1330	16
18	The News Lens 关键评论网	中立	2483965	18	251077	15	317942	22	6045	19	411	27
19	NOWnews 今日新闻	蓝	1788418	24	204128	16	319773	21	8500	11	210	35
20	UDNTV	蓝	2282364	21	92660	31	330539	19	6592	17	346	29

（二）传统的"三大台""四大报"风光不再

网络社群意味着媒体新的洗牌。传统的"三大台""四大报"一旦闯入网络世界，往往风光不再。由世新大学发布的"2015 媒体风云排行榜"调查结果显示，"民众最常阅读的报纸"评鉴项目中，《自由时报》与《苹果日报》并列第一（46.6%），其次为《联合报》（29.3%）和《中国时报》（22.6%）。但《中国时报》已经进入不了网络社群的榜单，《联合报》也只靠 UDNTV 排在最后一名。同样，世新大学的调查结果显示，民众最常收看的新闻类电视频道是 TVBS 新闻台、三立新闻台、东森新闻台，最常收看的无线电视频道是民视、中视、台视。三家新闻台全部进入网络社群榜单，但三家无线台没有一家入榜。与众不同的是杂志，世新大学调查结果显示，民众最常阅读的杂志是《商业周刊》《壹周刊》《天下杂志》，这三家杂志全部进入榜单。世新大学调查 2015 年台湾五大媒体使用率，结果是电视使用率最高，其次为网络、报纸、广播和杂志，数据分别是 58.9%、28.6%、7.6%、2.2%、0.1%。排在最后一名仅有 0.1%

使用率的杂志最有危机感，它们在网络社群中寻找出路，表现抢眼①。

（三）纯网络媒体是舆论的轻骑兵

从各粉丝专页的互动状况来看（见图 2–12），第一象限的是苹果日报、ETtoday 新闻云、壹周刊、苹果日报即时新闻、自由时报，东森新闻的粉丝数与其他粉丝专页虽差异不大，在粉丝参与度表现优异，排名第四。

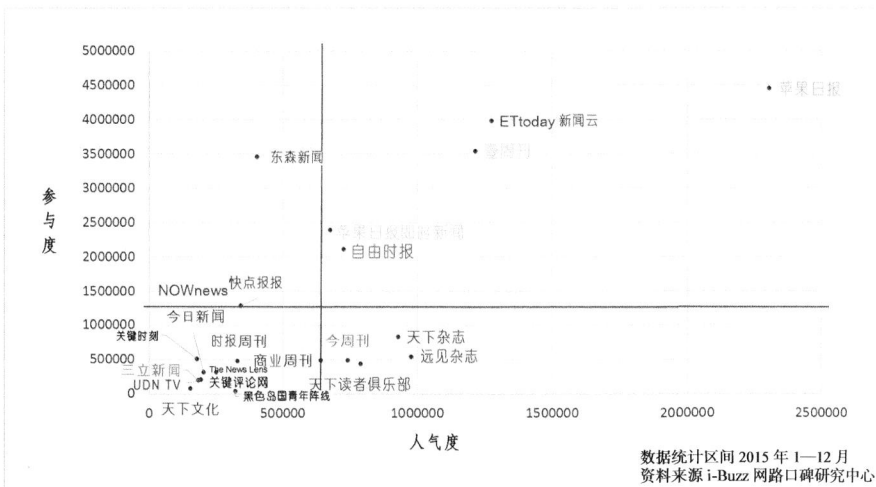

数据统计区间 2015 年 1—12 月
资料来源 i-Buzz 网路口碑研究中心

图 2–12 台湾 TOP20 媒体粉丝专页互动状况分析

若依指数高低进行媒体粉丝专页排名（如表 2–4），苹果日报和 ETtoday 新闻云各在两个领域分居一、二名，壹周刊稳居第三。这个榜单最值得关注的是那些在综合榜单排不上前 20 名的纯网络媒体，如"黑色岛国青年阵线"、特急件小周的人渣文本、PTT Gossiping（批踢踢八卦版），它们在人气度、渲染度或传播度各擅其长，是舆论的轻骑兵或特种部队。

---

① 台湾世新大学民调研究中心：《2015 媒体风云排行榜：台湾民众媒介使用行为》，2015 年 7 月 16 日，https://www.facebook.com/media/Set/?Set=a.1473618376285517 1073741833 1462430400737648 &type=1。

表 2-4 各指数 TOP20 之媒体粉丝专页

※ 本表数据统计期间为 2015 年 7—12 月							
名次	人气度		渲染度		参与度		传播度	
1	苹果日报	2304829	ETtoday 新闻云	7142	苹果日报	4456514	ETtoday 新闻云	98725845
2	ETtoday 新闻云	1274468	苹果日报	4554	ETtoday 新闻云	3981667	苹果日报	89758609
3	壹周刊	1216273	壹周刊	3985	壹周刊	3538229	壹周刊	61667263
4	远见杂志	976831	天下读者俱乐部	3937	东森新闻	3456878	自由时报	37164384
5	天下杂志	929627	东森新闻	3714	苹果日报实时新闻	2391739	东森新闻	36969745
6	天下读者俱乐部	788829	NONEws 不新闻	3383	自由时报	2107648	苹果日报实时新闻	35948070
7	今周刊	740467	天下杂志	2375	TVBS 新闻	1719933	快点报报	18143256
8	自由时报	726437	自由时报	2320	快点报报	1290939	TVBS 新闻	10400955
9	苹果日报实时新闻	674885	远见杂志	2282	天下杂志	828244	天下杂志	8467966
10	商业周刊	641718	"黑色岛国青年阵线"	2278	三立新闻	711117	天下读者俱乐部	8047116
11	东森新闻	405698	今周刊	1973	远见杂志	541863	三立新闻	6789543
12	快点报报	343328	快点报报	1955	关键时刻	509078	风传媒	6410029
13	时报周刊	332964	苹果日报实时新闻	1942	今周刊	490616	时报周刊	5826137
14	"黑色岛国青年阵线"	324593	特急件小周的人渣文本	1586	商业周刊	487512	今周刊	5721416
15	The News Lens 关键评论网	251077	商业周刊	1524	时报周刊	481597	远见杂志	4248396
16	NOWnews 今日新闻	204128	关键时刻	1330	联合报	457812	商业周刊	3653971
17	东森财经	192899	TVBS 新闻	1249	天下读者俱乐部	434334	关键时刻	3345284
18	udn.com 联合新闻网	184105	TVBS 少康战情室	1166	风传媒	391137	The News Lens 关键评论网	2483965

名次	人气度		渲染度		参与度		传播度	
19	关键时刻	178920	三立新闻	980	UDNTV	330539	联合报	2326553
20	天下文化 Bookzone	154299	时报周刊	888	"中央社" 新闻粉丝团	325282	PTT Gossiping 批踢踢八卦版	2297034

（四）媒体类型：新闻类媒体独占鳌头，独立媒体势头正猛

如图2-13所示，在台湾前20名的媒体粉丝专页中，杂志媒体7家，占比达35%，位列第一；其次是电视媒体5家，占比25%；内容网站及报纸媒体各3家，占比15%；独立媒体2家，占比最少，为10%。

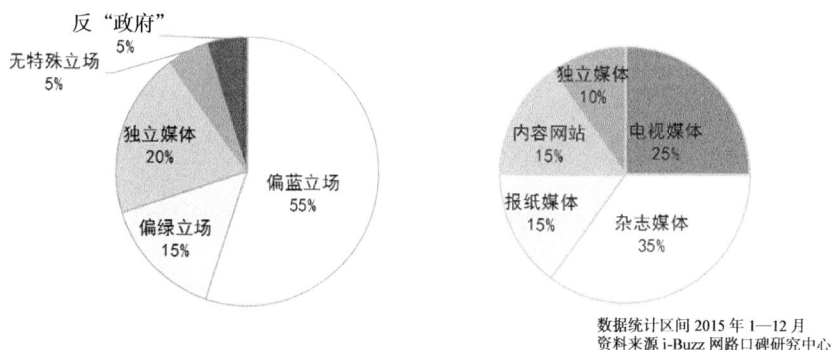

数据统计区间2015年1—12月
资料来源 i-Buzz 网路口碑研究中心

图2-13 台湾网络社群TOP20媒体粉丝专页——媒体类型及政治立场占比

从媒体类型看，综合排名前五者皆为新闻类媒体，且粉丝专页会常态性更新消息，粉丝页活跃度表现佳，并在贴文数量增加同时带动粉丝留言互动。杂志型媒体粉丝页共入榜6位，但排名皆在10名之后，可能原因在于杂志媒体粉丝专页贴文更新速度不如新闻媒体粉丝页快，但贴文内容较长、主题可深入，有较多的发言评论空间，因此可维持单篇贴文约1,500笔回应的渲染度。本次入榜的多为传统媒体，说明非平台的纯粹网络媒体在内容提供上并未超越传统媒体，但网军崛起不容忽视，相比于传统媒体如电视，网民自由选择的网络更能引起共鸣。

在媒体类型中，最值得关注的是独立媒体，它们是台湾舆论场的新势力，人数少、成本低、转型快，反应迅速、独树一帜，粉丝以年轻人居多。贴文的按赞、留言、转贴等信息扩散能力很强。在服贸协议问题上，独立媒体对国民党的杀伤力，不亚于泛绿媒体。

（五）媒体政治立场：蓝营略占上风

从政治立场来看，20家媒体中有11家即55%的媒体粉丝专页为偏蓝立场；偏绿立场及独立媒体分别占15%和20%；无特殊立场及反"政府"立场的媒体粉丝专页各占5%。

表2-5 台湾网络社群TOP20媒体粉丝专页立场及媒体类型

综合排名	粉丝专页名称	立场	媒体类型
1	苹果日报	中立（偏独立媒体立场）	报纸媒体
2	ETtoday新闻云	蓝	内容网站
3	壹周刊	中立	杂志媒体
4	自由时报	绿	报纸媒体
5	东森新闻	蓝	电视媒体
6	苹果日报实时新闻	中立（偏独立媒体立场）	报纸媒体
7	快点报报	蓝	电视媒体
8	天下杂志	蓝	杂志媒体
9	TVBS新闻	蓝	电视媒体
10	天下读者俱乐部	蓝	杂志媒体
11	今周刊	绿	杂志媒体
12	远见杂志	蓝	杂志媒体
13	时报周刊	蓝	杂志媒体
14	三立新闻	绿	电视媒体
15	风传媒	中立（偏独立媒体立场）	独立媒体
16	商业周刊	蓝	杂志媒体
17	关键时刻	中立（偏反政府立场）	电视媒体
18	The News Lens 关键评论网	中立（无特殊政治立场）	独立媒体
19	NOWnews 今日新闻	蓝	内容网站
20	UDNTV	蓝	内容网站

资料来源：i-Buzz网络口碑研究中心

进一步将蓝绿媒体口碑数、粉丝数加总分析，得表2-6。可以看出，在粉丝数上，蓝营为6,137,180，位列第一，占比49%；其次是中立立场，粉丝数是

4,745,742，占 38%；最后是偏绿立场，粉丝数量为 1,565,267，占 13%。在口碑数上，中立媒体为 199,613,220，以 45% 比重位列第一；蓝营以微弱的差距位列第二，占比 44%；绿营以 13% 的占比排在最后，并只有自由时报、今周刊和三立新闻 3 家媒体入榜。

表 2-6　台湾 TOP20 "蓝绿" 媒体口碑数粉丝数加总数据

立场	媒体	口碑数	粉丝数
蓝	ETtoday 新闻云	98725845	1274468
	东森新闻	36969745	405698
	快点报报	18143256	343328
	天下杂志	8467966	929627
	TVBS 新闻	10400955	146929
	天下读者俱乐部	8047116	788829
	远见杂志	4248396	976831
	时报周刊	5826137	332964
	商业周刊	3653971	641718
	NOWnews 今日新闻	1788418	204128
	UDNTV	2282364	92660
	总量	198554169	6137180
绿	自由时报	37164384	726437
	今周刊	5721416	740467
	三立新闻	6789543	98363
	总量	49675343	1565267
中立	苹果日报	89758609	2304829
	壹周刊	61667263	1216273
	苹果日报即时新闻	35948070	674885
	风传媒	6410029	119758
	关键时刻	3345284	178920
	The News Lens 关键评论网	2483965	251077
	总量	199613220	4745742

（六）蓝营媒体网络竞争力为什么没有转化为选票？

从媒体在网络社群的影响看，蓝营略占上风，这和"大选"的结果似乎有反差。原因可能有以下几个方面：

一是传统媒体在整个 Facebook 上的影响力下降，蓝营的 613 万粉丝是 11 个媒体简单相加，如扣除重叠粉丝，数量要大打折扣。排名前 20 名的媒体，前 5 个都是新闻类媒体，显示媒体在网络社群的影响主要来自新闻信息的提供，其粉丝数与互动指数并不能反映受众对新闻信息的价值判断。新闻信息要求客观，对其的主观价值判断则要在新闻的再消费过程中产生。尽管新闻的取舍受媒体的议程设置限制，但台湾媒体过度饱和，很少有单一媒体可以垄断信息源。由于新闻生产无论是在人力还是物力上，都是媒体投入最大的领域，国民党的历史积累与人才储备使得它在新闻信息的提供者上占据优势，但新闻提供者的优势并不能直接转化为价值提供者的优势，绿营的粉丝可以看着蓝营媒体提供的新闻继续骂国民党。

二是蓝营粉丝和口碑数的主要贡献者是杂志，这和国民党拥护者较多中产阶层与精英人士相关。在媒体的受众群里，杂志的读者与青年族群及中下阶层距离最远，而青年族群与中下阶层恰恰是近年来影响台湾选举的最重要选民。

三是所谓中立的媒体未必中立，这次上榜的 6 个中立媒体对执政的国民党冲击力不可小觑。中立媒体以较少的粉丝数获得最多的口碑数，说明了过去蓝绿撕裂的意识形态正在受到挑战。

最后，也是最重要的是从口碑来源分析。前文已指出，新闻对台湾网络口碑数的贡献占比仅为 8%。新闻对口碑的影响力不可高估，而真正影响台湾网络口碑的是论坛，而蓝营在论坛的影响力微乎其微。

媒体的立场不会随着局势的变化有很明显的转变，国民党作为"百年老店"，在传统媒体和相应粉丝群中尚有一定基础。若传播章法得当，日后翻身还是有资本的。

第四节　舆论主体之二
——台湾网络意见领袖，传播力及政治立场分析

本研究调查台湾 2015 年中活跃在 Facebook 网络舆论场的意见领袖，其中拥有官方粉丝页的共 81 人，统计 2015 下半年共 30,882,562 笔口碑数（含发文、

点赞、留言、分享等数据）。

（一）2015 年台湾网络意见领袖排名

2015 年在 Facebook 社群中活跃的意见领袖共 81 人，前 20 名见表 2-7。综合排名前五者为王定宇、"朱学恒的阿宅万事通事务所"、蔡正元、赵天麟和段宜康。其中，排名首位的王定宇为现任民进党台南市议员，2015 年因在政论节目上影射竞争对手买票造成争议。虽然其粉丝数仅排名第 6，但因发文数量大，2015 年共有 2,199 篇贴文，平均每天新增 4 篇贴文，容易在 Facebook 涂鸦墙上曝光，进而带动粉丝按赞与留言，渲染度为意见领袖综合排名第 4 名。排名第 2 的 "朱学恒的阿宅万事通事务所" 善用年轻群体网络语，其粉丝参与度为 590,936，排名第 1，超过 2、3 名总和。排名第 3 的蔡正元为前任国民党 "立委"，因经常在公开政论节目曝光，并针对政治时事发言，网友褒贬评价不一，为极具话题性的政治人物，人气度及各指标表现皆分别落在前 5 名。

表 2-7　台湾网络社群 TOP20 意见领袖粉丝专页指数排名

※ 本表数据统计期间为 2015 年 7—12 月												
综合排名	粉丝专页名称	背景	立场	讨论度		人气度		参与度		活跃度		渲染度	
				口碑数	排名	粉丝数	排名	参与数	排名	发文数	排名	平均回应	排名
1	王定宇	名嘴	绿	8020714	1	139328	6	242798	3	2199	2	3647	4
2	朱学恒的阿宅万事通事务所	名嘴	中立	3207835	3	387764	2	590936	1	835	9	3833	3
3	蔡正元	名嘴	蓝	3646656	2	158177	5	242390	4	1021	5	3572	5
4	赵天麟	名嘴	绿	2118152	4	109973	8	101168	7	873	6	2426	10
5	段宜康	名嘴	绿	1418528	7	81640	9	95345	8	821	10	1728	13
6	杨实秋	名嘴	中立	992793	9	51417	11	118257	5	230	21	4172	2
7	于美人	名嘴	中立	1542460	5	391930	1	324725	2	75	44	20566	1
8	台湾新力量 / 罗致政粉丝团	名嘴	绿	1313813	8	47460	12	49779	14	1072	3	1195	16
9	冯光远	名嘴	中立	548568	12	198845	3	103130	6	159	28	3450	6
10	黄智贤世界	名嘴	蓝	1519021	6	31802	19	58804	12	451	12	3368	7

综合排名	粉丝专页名称	背景	立场	讨论度		人气度		参与度		活跃度		渲染度	
				口碑数	排名	粉丝数	排名	参与数	排名	发文数	排名	平均回应	排名
11	谢哲青	名嘴	中立	475025	15	165941	4	92162	9	148	31	3150	8
12	郑弘仪	名嘴	绿	480627	14	45320	14	89056	10	364	14	1224	15
13	陈其迈 Chen Chi-Mai	名嘴	绿	768640	11	32568	17	55824	13	993	6	774	24
14	刘文雄（Liu Wen Hsiung）	名嘴	绿	413462	16	40451	16	75529	11	184	24	1900	11
15	董智森粉丝团	名嘴	蓝	484854	13	21065	27	33128	16	513	11	933	19
16	"立法委员"黄国昌	名嘴	中立	245703	18	26975	21	28784	17	209	22	1176	17
17	徐永明	学者	中立	359254	17	20426	28	23987	18	385	13	933	20
18	锺年晃	名嘴	绿	235327	19	44346	15	45482	15	85	41	2769	9
19	邱毅"谈天论地话纵横"	名嘴	蓝	226099	20	32565	18	14097	25	266	19	850	22
20	罗智强	名嘴	蓝	166094	21	24169	23	11948	28	302	15	550	32

资料来源：i-Buzz 网络口碑研究中心

进入前 20 名的网络意见领袖，大部分是电视名嘴及民意代表。官司缠身的话题人物特别容易成为意见领袖，如曾经策划推倒张铭清的王定宇；以学者身份从政并成为意见领袖的，杀伤力也特别值得重视，代表人物如黄国昌、徐永明；走娱乐路线的容易得到年轻人追捧，如朱学恒和谢哲青。

（二）台湾网络意见领袖的政治立场分析

多数意见领袖除了是电视名嘴外，亦具有多种社会背景，例如作家、律师、政治人物、时事评论家等。他们的政治立场皆不同，大致上以无明显立场者的粉丝参与度较高，偏绿立场者则入榜数较多。其中约有四成（42%）的意见领袖政治立场偏绿，无特殊立场者占 32%，偏蓝立场为 26%，显示目前在Facebook 社群中，以反对党及无表明立场之意见领袖较活跃。

细分蓝绿意见领袖，蓝营入榜 5 名，要么是纯粹电视名嘴，要么是边缘化的政治人物如蔡正元。反观绿营的意见领袖，不少是民进党核心层的重要幕僚，如赵天麟、罗致政，即便是中立人物，黄国昌也是"时代力量"主席。这表明蓝营的网络意见领袖离国民党核心层很远，而国民党核心层离网络意见领袖也很远。

（三）台湾网络意见领袖的互动状况分析

除了口碑量外，Facebook 另外一个重要的指标为粉丝互动状况。从各个意见领袖的互动状况观察，发现"朱学恒的阿宅万事通事务所"及于美人在人气度及粉丝参与度上皆明显比其他意见领袖领先，其次是蔡正元跟王定宇。

从政治立场方面来看，无特殊立场的意见领袖在互动状况上较佳，偏蓝立场者仅有蔡正元的互动状况比较好，偏绿立场的意见领袖虽入榜人数较多，但多数人的互动状况落在第三象限。另外，冯光远及谢哲青的粉丝专页虽然在粉丝数量上占优势，但此优势并未反应在参与度上，可能是两者的发文频率较低，因而无法大幅带动粉丝的响应量。

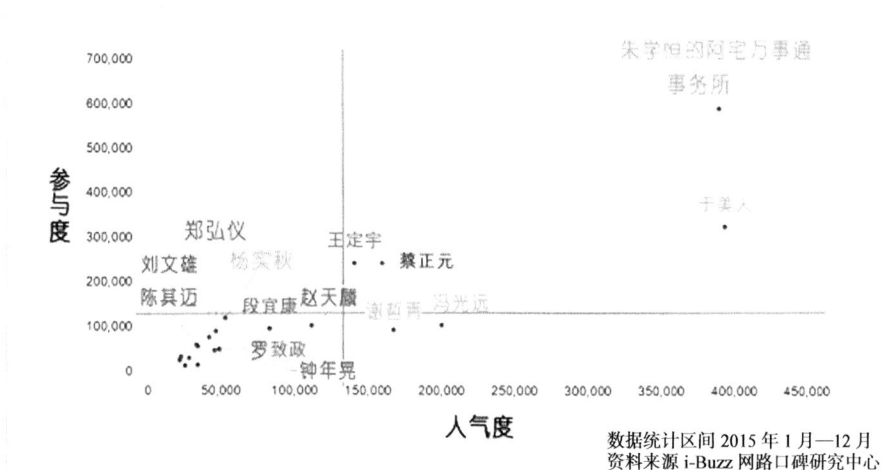

数据统计区间 2015 年 1 月—12 月
资料来源 i-Buzz 网路口碑研究中心

图 2-14　台湾网络社群 TOP20 意见领袖互动状况分析

由图 2-14 可以看出，综合排名第 7 的于美人在人气度有亮眼表现。于美人为知名作家、政论节目主持人，在各类媒体的曝光频率极高。粉丝数为所有意见领袖之冠（391 930 人），虽然一年发文数仅有 75 篇，但平均每篇贴文可获得 2 万笔左右的响应，粉丝参与度非常高，平均每 10 位粉丝中，有 8 人主动与专页互动。

（四）台湾意见领袖的转型与变迁

表面上看，经常出现于电视政论节目者，也易成为网络社群的活跃意见领袖。传统媒体的曝光，有助于带动 Facebook 社群经营的成长。但拉开一定的时间维度去观察，可以看到台湾意见领袖的代际交替。台湾的意见领袖走过了社论主笔、广告人、电视名嘴三个世代，分别对应于报纸社论、政治广告和电视政论节目等三种代表性的舆论形式。伴随着社群、博客、粉丝团等自媒体的兴盛，台湾舆论生态悄然发生变化，简言之，即传统权威衰减，话语权正在重构。如社论主笔的代表人物黄年、广告人的代表范可钦，都没有进入榜单。而风行一时的电视政论节目，曾有"蓝有李涛，绿有郑弘仪"的说法，2005 年在李涛主持的"2100 全民开讲"中，抖出高捷弊案的关键证据，掀起了一个挟着雷电的舆论风暴，改变了台湾"三合一"选举的格局，影响了事件发展的态势，产生了巨大的舆论效果。2008 年"大选"，三立电视台"大话新闻"主持人郑弘仪强力支持谢长廷，使谢在民进党内"总统候选人"初选时力克苏贞昌、游锡堃与吕秀莲。苏贞昌挟陈水扁与南部 7 位民进党籍县市长的加持仍不敌谢长廷，意见领袖郑弘仪的影响力可见一斑。但随着 2013 年李涛、李艳秋双双退出 TVBS 之后，主持三立新闻台"大话新闻"节目近十年的郑宏仪也请辞，电视名嘴的影响力和声势逐渐减弱，五年前被称为台湾"四大名嘴"的郑弘仪、李涛、李艳秋和陈文茜，目前只有郑弘仪排名进入前 20。陈水扁时代的四大寇——李涛、邱毅、张友骅、胡忠信，除了邱毅排在榜单末尾外，其他三人落榜。

台湾舆论场正在崛起的新意见领袖，是在互联网社群平台上呼风唤雨的人物。他们中不少是台湾舆论场的常青树，比如于美人、董智森等，他们挟传统媒体的余威，并适应了新媒体的传播方式。而一批在移动互联网时代应运而生的新意见领袖，成为影响台湾政局及社会舆论的新生力量。比如，粉丝专页排名第二的朱学恒，身兼作家、部落客、时事评论家多种角色，人称"宅神"，因评论具独到见解，且善用年轻族群的网络语言，受上班族及学生欢迎，粉丝数达 38 万人，是最能吸引粉丝互动的意见领袖之一。

第五节　舆论主体之三
——蓝绿政治人物，影响力及政治前途分析

本研究调查国民党与民进党共 202 个政治人物的 Facebook，包括两党党政要员、参选过近两届"立委"或 2016 年选战前后任职县市长者，得有效粉丝页 185 个，统计 2015 下半年共 144254018 笔口碑数（含发文、按赞、留言、分享等数据）。

台湾 2015 年 Facebook 社群活跃的政治人物前 20 名者见表 2–8，名次多由民进党拿下，国民党仅占 4 席。粉丝专页经营表现明显者，除了与地区领导人选举相关之蔡英文、马英九、朱立伦、洪秀柱外，其余多半是各县市的首长。

其中，排名第一者为蔡英文。除人气度略逊于马英九粉丝专页，以及发文数排名第 6 外，其他指数皆拿下第一。因粉丝专页为完全开放的场域，若深入分析粉丝响应内容，会发现留言者并非全是蔡英文的支持者，部分为蓝营支持者，但整体而言粉丝专页的互动率仍高，平均每篇贴文可获得约 27253 笔回应。除了特定曝光度高的政治人物（如蔡正元），绿营各县市地方首长之贴文内容，因与当地民众直接相关，易获得民众关注，整体排名偏前。

表 2–8　台湾 TOP20 政治人物粉丝专页指数

综合排名	粉丝专页名称	所属	政党	※ 本表数据统计期间为 2015 年 7—12 月									
				传播度		人气度		参与度		活跃度		渲染度	
				口碑数	排名	粉丝数	排名	参与数	排名	发文数	排名	平均回应	排名
1	蔡英文 Tsai Ing-wen	党主席	绿	30318358	1	1577582	2	1260027	1	966	6	27253	1
2	林佳龙	地方首长	绿	7730936	6	468636	5	378907	6	1008	5	7670	7
3	洪秀柱	"立委"	蓝	9922170	2	315570	7	535075	3	606	12	13124	5
4	王定宇	"立委"	绿	8020714	4	139328	14	242798	8	2199	1	3647	12
5	蔡正元	"立委"	蓝	3646656	8	158177	11	242390	9	1021	3	3572	13
6	赖清德	地方首长	绿	6704458	7	451309	6	444977	5	593	13	11306	6

综合排名	粉丝专页名称	所属	政党	传播度		人气度		参与度		活跃度		渲染度	
				口碑数	排名	粉丝数	排名	参与数	排名	发文数	排名	平均回应	排名
7	朱立伦	地方首长	蓝	8383584	3	762474	4	448583	4	489	15	17144	3
8	陈菊（花妈）市长	地方首长	绿	7774548	5	919603	3	589034	2	468	16	16419	4
9	郑文灿	地方首长	绿	2999845	10	155999	12	177261	12	1015	4	2956	14
10	柯建铭	"立委"	绿	2759121	11	155650	13	177816	10	1778	2	1552	20
11	潘孟安	地方首长	绿	2635801	13	166656	10	167801	13	697	10	3782	10
12	赵天麟	"立委"	绿	2118152	15	109973	16	101168	16	873	7	2426	16
13	蔡其昌	"立委"	绿	2638935	12	133538	15	163267	14	454	17	5810	9
14	段宜康	"立委"	绿	1418528	16	81640	18	95345	18	821	8	1728	18
15	谢长廷	大佬	绿	2264902	14	315084	8	177744	11	375	18	6040	8
16	李进勇	地方首长	绿	1325318	18	109840	17	99185	17	524	14	2529	15
17	游锡堃	大佬	绿	1364300	17	206878	9	160976	15	340	19	3665	11
18	魏明谷	议员	绿	1228064	19	41401	20	85684	19	642	11	1907	17
19	马英九	地区领导人	蓝	3350999	9	1618461	1	342979	7	172	20	19483	2
20	张花冠（小花）县长	地方首长	绿	1188787	20	47504	19	69927	20	760	9	1564	19

由互动状况来看，蔡英文粉丝专页互动最频繁，马英九粉丝专页的粉丝数最多，其余互动状况良好的粉丝专页还有陈菊、朱立伦、赖清德及林佳龙，此6人处在第一象限；洪秀柱虽然粉丝数不突出，但粉丝多积极参与，参与度是所有政治人物粉丝专页中的第3名（见图2–15）。

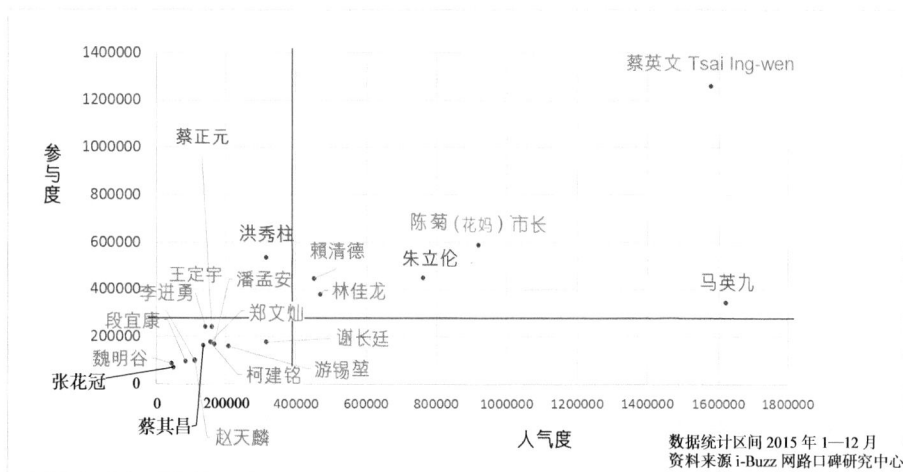

数据统计区间 2015 年 1—12 月
资料来源 i-Buzz 网路口碑研究中心

图 2-15 台湾 TOP20 政治人物粉丝专页互动状况分析

（一）政治人物蓝绿立场分析

由图 2-16 可发现，政治人物类粉丝专页以民进党占比较多（80%），国民党占 20%。其中以地方首长开办的粉丝专页占 45%，"立法委员"占 35%，"总统"候选人占 10%，政党大佬及议员各占 5%。其中，大佬为台湾政坛或政党中无现任公职，但具有一定影响力人物的俗称，该身份的界定来自台湾民众在媒体议题下，长期累积而成的默契，比如谢长廷、胡志强、林浊水。

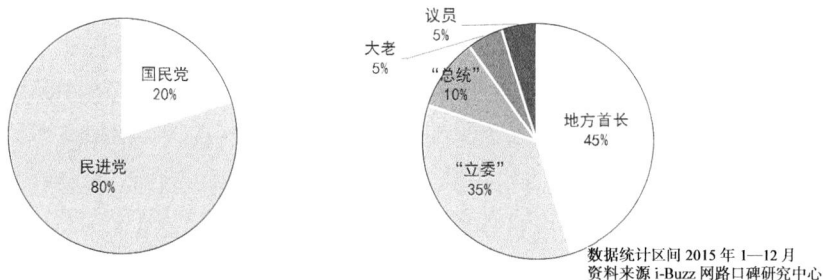

数据统计区间 2015 年 1—12 月
资料来源 i-Buzz 网路口碑研究中心

图 2-16 台湾 TOP20 政治人物粉丝专页——所属政党及政治地位占比

将表 8 "台湾 TOP20 政治人物粉丝专页指数"中，蓝、绿两党政治人物的口碑数与粉丝数加总，蓝营口碑数 2 530 万，粉丝数约 285 万；而绿营口碑数 5,217 万，粉丝数约 508 万。很明显，不论是口碑数还是粉丝数，蓝营都逊色于绿营。

（二）政治人物网络影响力比较分析

从粉丝数看，马英九排名第1，蔡英文排名第2，表明蔡英文是崛起的挑战者。马英九拥有超高的人气，但发文数排在了第20位，说明活跃度已经大打折扣；参与度排第7位，与排名第1的"新天王"蔡英文相比，已是过气明星。

另一个竞争者朱立伦，粉丝数仅为762,474，不到蔡英文粉丝数（1,577,582）的一半，显示蔡英文是网络的超级巨星，朱立伦难以望其项背。在现实的大选中，蔡英文最终得票也远超朱立伦（如图2-17）。

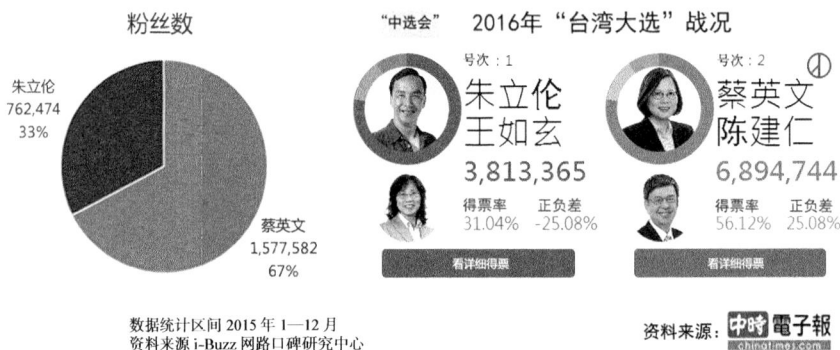

"中选会" 2016年"台湾大选"战况

号次：1
朱立伦
王如玄
3,813,365
得票率 31.04%　正负差 -25.08%

号次：2
蔡英文
陈建仁
6,894,744
得票率 56.12%　正负差 25.08%

看详细得票　看详细得票

数据统计区间 2015年 1—12 月
资料来源 i-Buzz 网路口碑研究中心

资料来源：中时电子报

图 2-17 蔡英文和朱立伦的粉丝数 / 选票数对比

蔡英文除了粉丝数与发文数外，口碑数、参与数、平均回应等各项指数都在 TOP20 的政治人物中名列首位，是当之无愧的天王级政治人物。蔡英文发文数落在第 6，是选举的考虑，她胜券在握，为了减少犯错的概率才保持适度的曝光率。选战一开始，蔡英文的支持度就达到巅峰，曝光再加分的可能性极低，而减分的可能性很大，从选举舆论战看，蓝营的理想舆论策略应该是把蔡英文"逼"出来，曝光就有机会让蔡英文失分。但国民党陷于内斗，洪秀柱与朱立伦因候选人争议，贴文皆受到注目，在传播度上分列第 2 及第 3 名。从发文数来看，王定宇、柯建铭、蔡正元、郑文灿、林佳龙、蔡英文分居前 6 名，蓝营只有蔡正元一个人孤军奋战，不要说有效的攻击，连子弹都不够，绿营牢牢掌握了舆论的"发球权"。而国民党选战的男主角朱立伦，发文数仅排名第 15 名，几乎主动放弃了在网络的争夺战。另一个国民党内部的竞争者洪秀柱，发文数也不过是第 12 名。显然，单看网络舆论场的子弹数，蓝营在网络舆论战场不仅不能作为，而且没有作为。

（三）未来政治明星预测

2015年TOP20的政治人物粉丝专页指数（表2-8），透露了台湾未来政治明星的分布。

人气度排名第4的朱立伦拥有762474位粉丝，不仅不能望蔡英文项背，横亘在两者之间的还有排名第3的陈菊，其拥有919603位粉丝；紧随其后的林佳龙排名第5，拥有468636位粉丝；赖清德位居第6，拥有451309位粉丝。他们都属于绿营。

蓝营政治人物进入榜单的只有马英九、朱立伦、洪秀柱和蔡正元，马英九是"旧王"，洪秀柱已"内伤"，蔡正元非政治领袖，只剩下朱立伦一枝独秀。国民党无论顶层、"立委"、地方政府，在台湾网络舆论场都后继无人。2020年"大选"，如果朱立伦不参选，唯有重招马英九披挂上阵才能在网络舆论战勉力而为。这是下下策，但除此之外，单就网络布局来看，国民党的问题不是能不能打赢2020年"大选"，而是几乎无人可征召应战。这从两党政治人物粉丝专页排名，已可见端倪。

表2-9　民进党TOP20政治人物粉丝专页排名

排名	粉丝专页名称	讨论度	人气度	参与度	活跃度	渲染度
1	蔡英文 Tsai Ing-wen	30318358	1577582	1260027	966	27253
2	林佳龙	7730936	468636	378907	1008	7670
3	王定宇	8020714	139328	242798	2199	3647
4	赖清德	6704458	451309	444977	593	11306
5	陈菊（花妈）市长	7774548	919603	589034	468	16419
6	郑文灿	2999845	155999	177261	1015	2956
7	柯建铭	2759121	155650	177816	1778	1552
8	潘孟安	2635801	166656	167801	697	3782
9	赵天麟	2118152	109973	101168	873	2425
10	蔡其昌	2638935	133538	163267	454	5810
11	段宜康	1418528	81640	95345	821	1728
12	谢长廷	2264902	315084	177744	375	6040
13	李进勇	1325318	109840	99185	524	2529

排名	粉丝专页名称	讨论度	人气度	参与度	活跃度	渲染度
14	游锡堃	1364300	206878	160976	340	3665
15	魏明谷	1228064	41401	85684	642	1907
16	张花冠(小花)县长	1188787	47504	69927	760	1564
17	台湾新力量/罗致政粉丝团	1313813	47460	49779	1072	1195
18	林智坚	1064194	92877	82138	420	2503
19	林聪贤	863872	49242	99101	425	2020
20	苏贞昌	1356527	810961	206178	154	8809

本表数据统计期间为 2015 年 7—12 月

表 2-10 国民党 TOP20 政治人物粉丝专页排名

排名	粉丝专页名称	讨论度	人气度	参与度	活跃度	渲染度
1	洪秀柱	9922170	315570	535075	606	13124
2	蔡正元	3646656	158177	242390	1021	3572
3	朱立伦	8383584	762474	448583	489	17144
4	马英九	3350999	1618461	342979	172	19483
5	黄智贤世界	1519021	31802	58804	451	3368
6	台湾更好正面力量郝龙斌	827819	73896	80575	324	2555
7	好"立委"杨琼璎	630369	47830	52434	529	1192
8	胡志强	1151210	140603	80978	206	5588
9	李彦秀	507145	37537	50168	521	973
10	颜宽恒	591193	32730	37524	379	1520
11	连胜文	360827	266814	76666	28	12887
12	蒋万安	588530	32415	55858	281	1896
13	蔡锦隆加油赞	556556	27746	48945	355	1567
14	江惠贞	711304	18086	32338	1317	536
15	高金素梅(吉娃斯·阿丽)	423430	22022	49943	433	957
16	林为洲	245216	57089	27627	440	557

排名	粉丝专页名称	讨论度	人气度	参与度	活跃度	渲染度
17	费鸿泰（阿力克司）	361790	37482	37052	236	1501
18	江启臣服务赞	345206	23638	15652	990	349
19	赖士葆	228252	32837	17206	309	739
20	张嘉郡	240831	20206	34444	212	983

本表数据统计期间为 2015 年 7—12 月

第六节　2015 年台湾网络舆论场总结

（一）网络舆论场是台湾舆论的主战场，政治人物网上生态成为政治命运的晴雨表

从传统舆论场看，蓝营对绿营的差距并不明显，只有在网络舆论场看，二者的差距才真正拉开，证明政治人物的网上生态已然成为政治命运的晴雨表，网络的势力范围真实反映各阵营的政治实力，所以网络舆论场是台湾舆论战的主战场。2016 年国民党输在网上，所言不虚。

（二）论坛是台湾网络舆论场最重要的阵地

在舆论注意力方面，蓝绿两营平分秋色；但影响力和号召力上，蓝营远不是对手。新闻只能解决注意力，不能解决影响力和号召力，而论坛是舆论影响力最重要的阵地。台湾网络舆论场口碑数 92% 来源于论坛，论坛是未来各政治势力逐鹿的中原。

（三）台湾网络舆论场最值得关注的是新政治势力

国民党未来真正的对手，可能并不是民进党，而是新的政治势力。台湾已经出现一个"五新组合"的新政治力量，他们是由新政治人物（无党派，比如柯文哲）、新阶层（特别是年轻族群）、新技术与新媒体（比如独立媒体）、新意见领袖（比如黄国昌）、新舆论操盘手等组合的新政治力量。

（四）2015 年台湾舆论场的象征符号——风吹弯的大树

无论是传统媒体的对比，还是网络媒体的对比，无论是新闻的对比，还是粉丝的对比，蓝绿仍然呈现出差距不大的五五波形势，证明蓝营的基本盘还在。

如果把台湾政治生态比作一棵树，目前蓝营并没有被连根拔起，蓝营的根基还在，它输在风把树冠吹弯了。蓝营一是输在树冠，国民党的顶层没人，拿

不出可以让舆论场追捧的政治明星；二是输在风，风就是舆论，舆论是建构的产物，国民党执政期间确有很多败笔，但实际的表现并没有糟糕到这个地步，可是在舆论的放大下，风卷残云。国民党传统的舆论战能力本来就乏善可陈，在网络舆论战上更是溃不成军。

风把大树吹弯了，意味着大树还可以扳回来。正如 2008 年台湾地区领导人选择，绿营输得一塌糊涂，但基本盘没有变，很快就可以追成平局。蓝营接下来的问题是，在可预见的未来，能够代表蓝营叱咤网络舆论场的政治明星还看不到什么苗头，同时国民党的网络舆论战水平，与对手的差距还非常大。

（邹振东，男，两岸关系和平发展协同创新中心研究员，厦门大学新闻传播学院教授、博士生导师；任振华，男，厦门大学新闻传播学院硕士研究生；程佳佳，女，厦门大学新闻传播学院硕士研究生；王宇瑾，女，厦门大学新闻传播学院硕士研究生；吴佳敏，女，厦门大学新闻传播学院硕士研究生。）

第三章　青年运动与抗争政治：大数据视域下的台湾学生"反课纲"运动

　　没有哪个舆论场与台湾舆论场那样具有如此发达的街头政治舆论形式。近几十年，台湾舆论场每隔若干年，就会发生一场大规模的青年抗争活动，把街头政治推向高潮。本章以台湾学生"反课纲"运动为例，借助大数据，探寻台湾舆论场青年运动抗争政治的一般模式。

　　台湾青年运动一直属于表演型抗争政治，形成一种以戏剧化的思维与媒体化的逻辑组织实施政治抗争的"媒戏模式"。大数据显示，认同性议题与事件性议题联手让台湾"反课纲"议题高居2015年度台湾舆论场的口碑榜首。本章围绕新闻发布与戏剧行动、新闻人物与戏剧角色、前台与后台、演员与观众、议题与剧情等关系框架，对台湾"反课纲"运动进行大数据分析，发现英雄、敌人、牺牲者形象是青年运动的标配，媒介不仅是青年运动的传播工具，也是其表演舞台，甚至是组织机构。抗争舞台一定程度上决定了青年运动的规模、形式、甚至性质，而从抗争剧目可以看出不同的青年运动之间的关联，甚至可以预测未来青年运动的走向。抗争政治如果不是以推翻体制为诉求，很容易采取"媒戏模式"，深入研究"媒戏模式"，可以更好地把握台湾青年运动的发展规律。

第一节　"媒戏模式"与台湾学生"反课纲"运动

　　阿尔蒙德的政治文化理论把政治文化看作是一个政治输入与政治输出的互动系统[①]，政治输入的主体、方式、路径、效果，是区别一个政治文化系统与另

[①]　[美] 阿尔蒙德，维巴：《公民文化》，马殿军译，杭州：浙江人民出版社，1989年版。

一个政治文化系统的重要指征。台湾青年运动是台湾政治文化特殊的输入方面，作为政治参与者，其参与主体是最具时代力量的青年族群，参与方式是有组织、大规模、群体性的运动方式，参与目标是抗争。它总是发生在社会历史转型期的关键节点，将社会的各种矛盾，如阶层矛盾、族群矛盾，用代际冲突的方式表现出来，成为台湾政治舞台不可忽视的政治力量，其裹挟着丰富的社会历史信息，影响甚至改写着台湾的政治文化进程，是研究台湾极有价值的观察点与切入点。

以往的台湾青年运动研究，注重对其成因、诉求、过程、特征、路径、作用、影响、效果的研究，缺乏对其运动模式的研究。本研究借鉴电视节目模式的模式概念，电视节目模式是在成功的电视节目基础上生成的，它包括节目结构、制作流程等一整套方案。模式的价值在于它是一个通行的语法，它可以成功地跨时空复制，比如《中国好声音》就是引进《荷兰之声》（The Voice of Holland）的模式，后者在几十个国家都复制成功。

青年运动本质上是一种"抗争政治"（contentious politics），其抗争式的政治参与，也存在着这种可复制的成功模式。查尔斯·蒂利（Charles Tilly）和西德尼·塔罗（Sidney Tarrow）把之称之为抗争剧目（repertoires），主要指"为某些政治行动者内部当时所知晓且可用的一批抗争表演"[1]。它十分类似节目模式，指的是政治参与者所采用的抗争形式和行动方案。它来自人类抗争历史的长期实践，"当一种斗争表演获得了明显成效时，它就成了未来表演的可资利用的范本"[2]。这些范本包括集会、罢工、示威、请愿、游行、占领公共场所、冲击官方机构、发起社会运动等，形成抗争剧目的清单，成为19世纪以来"大众斗争的主导形式"[3]。如果"不同的事件分享着共同的剧本"[4]，这种不断复制演绎的抗争剧目，就起到了模式的作用。

查尔斯·蒂利等在研究抗争政治时，不断使用"表演""剧本""剧目"这样的概念，证明用戏剧学的理论研究社会运动可以获得新的发现。其实戏剧学

---

① 查尔斯·蒂利，西德尼·塔罗：《抗争政治》，李义中译，南京：译林出版社，2010年，第18页。

② 查尔斯·蒂利，西德尼·塔罗：《抗争政治》，李义中译，南京：译林出版社，2010年，第56页。

③ 查尔斯·蒂利，西德尼·塔罗：《抗争政治》，李义中译，南京：译林出版社，2010年，第62页。

④ 查尔斯·蒂利，西德尼·塔罗：《抗争政治》，李义中译，南京：译林出版社，2010年，第40页。

理论与实践也不断把自己的触角从传统的戏剧舞台，拓展到整个社会的大舞台。20 世纪 50 年代在日本、美国出现一种偶发艺术①的流派，艺术家认为生活中的一切场景都有可能变成演出场所。1968 年，理查·谢克纳（Richard Schechner）第一次提出环境戏剧（Environmental Theatre）概念，认为街头剧、政治示威、仪式表演、世界博览会……都可以成为环境戏剧的演出形式，并由此诞生了人类表演学（Performance Studies），其划时代的核心观念是：人类的一切活动都可以当作表演进行研究。

受戏剧学理论的启示，我们可以把所有的抗争政治分为两类：表演型抗争政治与革命性抗争政治。表演型抗争政治指的是：以社会表演的方式表达抗争，集聚社会力量，用体制外的手段寻求体制内解决。革命型抗争政治指的是：以真刀真枪的方式进行抗争，实施社会革命，用体制外的手段争取推翻体制。两者的区别可以从不同的"占领"行动看出端倪。同样都是占领，占领冬宫的占领，目的是推翻沙皇（不是要求换一个沙皇，而是推翻沙皇制度）。"占领华尔街运动"的占领华尔街、"太阳花学运"的占领"立法院"，目的都不是要推翻或取代对方。

一般来说，所有和平式的政治抗争，都是表演型的政治抗争，因为和平的方式，不可能直接动摇体制，它只能通过"表演"，集聚社会力量，形成社会压力，迫使体制内进行解决。

台湾青年运动，从 1949 年的"四六事件"开始，一直属于表演型抗争政治。1990 年前的规模都不大，很像小剧场的演出。1990 年台北发生台湾战后史上最大的青年运动——"野百合"学运，由于媒体前所未有地几乎无剪辑地用头版头条方式报道，参与的人数一下暴涨②。媒体不仅提高了青年运动的关注度，而且介入运动的过程，改变了运动主体的角色。运动第三天，运动现场舞台上架起了一个银幕，学生直接可以看到电视新闻对他们的报道，曾任广场总指挥之一陈信行说："以前从来没有看过这种场面。那个状况更让在场的人觉得，好像自己是在全台湾 2000 万人面前表演，大家就要好好演。"③现场的银幕，像监

---

① 偶发艺术（Happening Art），一种戏剧与舞蹈混合的演剧形式，由业余艺术家表演的抽象戏剧，盛行于 20 世纪 50 年代的日本与美国，表演者都是美术家而非演员。

② 陈信行：《从野百合到野草莓 20 年台湾青年学运反思》，《双周刊》，2009 年 5 月 6 日—5 月 19 日第 10 期，第 39—40 页。

③ 陈信行：《从野百合到野草莓 20 年台湾青年学运反思》，《双周刊》，2009 年 5 月 6 日—5 月 19 日第 10 期，第 40 页。

视器那样，起到了给广场学生一种舞台演员实时回看的作用，学生实时看到自己在 2000 多万人面前表演，强烈地刺激了学生的表演激情。这样的学生运动，更像是一场电视真人秀。

台湾青年运动受到两股力量的巨大影响，一个是戏剧化，一个是媒体化。一方面，台湾深受福建戏剧的影响，特别是歌仔戏、布袋戏，成为台湾民众的日常生活的一部分，形塑了台湾民众的戏剧文化性格，深深影响着台湾的政治文化与政治行为。另一方面，政治媒体化，滥觞于台湾的"反对运动"，标志性的是《自由中国》杂志，其中《美丽岛》杂志，就是民进党的政党雏形。此后伴随着台湾"政治革新"后的"民主化""自由化"，政治媒体化更加活跃。"其逻辑关系可以表述为如下：'政治革新'带来政治文化的转型，政治文化转型产生民主政治，民主政治形成政党政治，政党政治采取媒体政治。"①

抗争政治的戏剧化与媒体化，二者相辅相成。戏剧化，制造了围观的观众，吸引了媒体的关注，也让媒体获得更大的收视率，提高了媒体的影响力。而媒体的报道，千万倍地扩容了围观的观众，扩大了戏剧的传播面。

本研究把台湾青年运动受到戏剧化、媒体化的双重影响称之为台湾政治抗争的"媒戏模式"。"媒戏模式"指的是政治抗争以戏剧化的思维与媒体化的逻辑进行组织与实施，使得政治抗争既是一种表演，又是一种传播。它在公共空间以戏剧形式制造围观的观众，并吸引大众传媒的关注，以符合媒体传播规律的方式不断放大与持续黏合这种围观，形成社会压力与影响力，以达到抗争的目的。

接下来，我们通过大数据分析，以新近发生的台湾"反课纲"青年运动为研究对象，验证由 20 世纪 90 年代"野百合"运动所总结的"媒戏模式"理论

---

① 邹振东:《台湾舆论议题与政治文化变迁》，北京：九州出版社，2014 年 8 月第 1 版，第 253 页。

能否解释在新媒体、新技术条件下的台湾青年运动[①]。

第二节　台湾学生"反课纲"运动的网络口碑

邹振东团队利用台湾 i-Buzz 系统，通过事件关键词设定，统计分析台湾地区 2015 年 1 月至 12 月的网络热门话题，发现"高中课纲调整争议"高居榜首，大幅度超过第一阵营的第二名（"八仙乐园派对粉尘爆炸事故"）和第三名（"远

---

① 本章相关数据说明如下：

本研究系使用 OpView 社群数据库之资料，对 2014 至 2016 年 11 月台湾网络舆论进行全面扫描，先依照该研究进行目标定义，再经关键字设定方式定义资料范围，从新闻、部落格（博客，下同）、讨论区、社群网站四大类型来源中（见下表）总计共取出 1,145,843 笔资料：

类型	网站数	频道数
新闻	159	1734
部落格	25	1064
讨论区	85	2606
社群网站	7	6624
总计	276	12028

报告中相关专有名词定义整理如下：

一、声量

总声量是指命中关键字的主文及回文的总文章数。声量计算方式，凡命中关键字的一则主文或回文，即算一个单位的声量。

二、来源、网站、频道

来源依不同性质，区分为四个类别：讨论区、社群网站、部落格、新闻（专栏）。网站为来源下之内容网页，如 PTT、mobile01、巴哈姆特、Facebook 等；频道则为网站底下划分的网页，例如 PTT 网站中的美食板，美食板即为频道。

三、主文、回文：主文是指发文的文章，回文是指回覆主文的文章。

四、社群活跃度 (S/N 比)：社群活跃度，亦称 S/N 比。S 是指社群 (social)，包含讨论区、社群网站、部落格，新闻（专栏）回文来源；N 是指 (News)，包括新闻（专栏）主文来源。S/N 比则是社群声量除以新闻声量的比值，其代表意义是一则新闻主文声量能引发多少社群声量；此外，若数值大于 1，代表该主题的声量来自社群讨论较新闻主文来源多。

雄大巨蛋争议")。见表 3-1[①]

表 3-1：2015 年台湾网络热门话题 TOP20 排名[②]

排名	议题	口碑数	事件类型
1	高中课纲调整争议	408938	青少年、两岸
2	八仙乐园派对粉尘爆炸事故	285160	安全
3	远雄大巨蛋争议	239077	安全、政治
4	"习马会"	185611	政治、两岸
5	林凤营秒买秒退	125293	社会、两岸
6	"总统大选"国民党粗暴换柱	124493	政治
7	不分区"立委"选举	103954	政治
8	李蒨蓉特权参观阿帕契	96519	政治、社会
9	王如玄军宅案	85279	政治
10	波卡风波	67409	政治、社会
11	台南登革热	50948	安全
12	网络红人杨又颖遭霸凌自杀	46729	安全、青少年
13	雄监惊爆挟持案	36664	行政
14	"割阑尾"事件	35798	政治、法律
15	男子闯"国小"随机杀人	23382	安全、青少年
16	复航客机坠基隆河 43 死	21274	安全
17	江蕙封麦	20153	娱乐
18	魏应充获判无罪	19957	司法
19	法国连遭恐攻 130 死	16293	安全
20	茶安风暴	15247	安全、商业

为什么"习马会"、八仙乐园大灾难事件、台湾"大选"都不敌"反课纲"议题口碑数？邹振东给出的答案是："反课纲"议题属于认同性议题，其比事件性议题与政策性议题更容易持久。"反课纲"议题波峰的延烧时间横跨四至五个月，而绝大多数其余话题网友关注的波峰时间仅为两个月左右。结论是：时间

① 邹振东，任振华，程佳佳，王宇瑾，吴佳敏《大数据视域下的 2015 年台湾网络舆论场》，《台湾研究集刊》，2016 年第 6 期。第 29 页。表 1、图 1，皆引自该文。

② 数据来源：台湾"艾博司网路口碑研究中心"（i-Buzz Research）。

长了，当然总量就高。见图 3-1

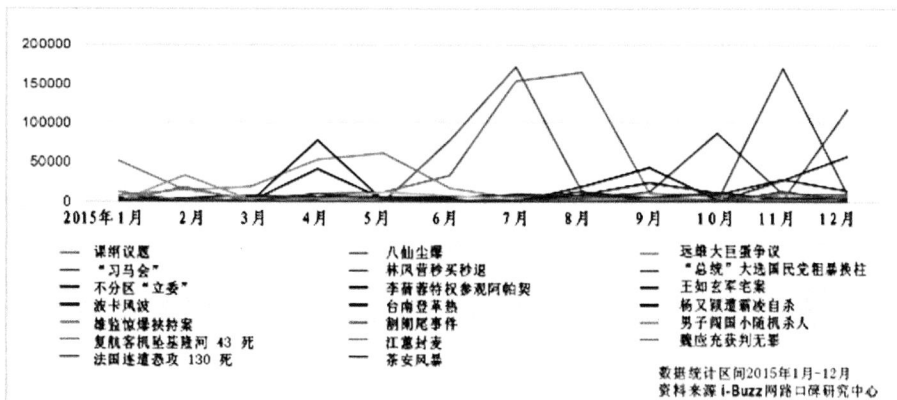

图 3-1：台湾 2015 热门议题 TOP20 口碑趋势

邹振东的解释并不全面，一般来说，事件性议题像急性病，来得猛去得快，很快达到舆论的高峰，生命周期短。而认同性议题像慢性病，往往不温不火，但绵绵不绝。认同性议题，可以解释台湾"反课纲"运动口碑数波长的拉长，却不能解释其为何可以产生那么高的波峰。

只有拉开一个更长的周期，相对完整地观察"课纲微调议题"的生长周期，才能历史地把握到底是什么因素影响着"课纲微调议题"的舆论走势。下面是2014 年 01 月 01 日至 2016 年 11 月 30 日期间，以季为单位统计的"课纲微调议题"的声量趋势变化。见图 3-2。

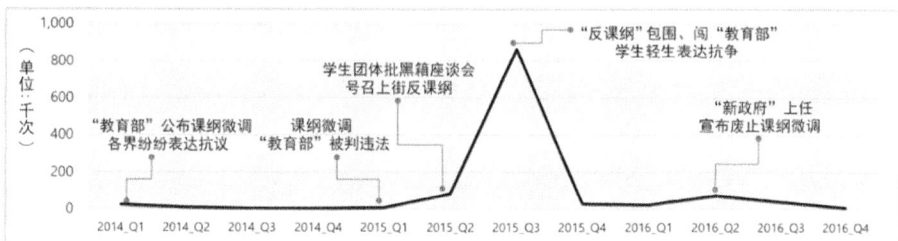

图 3-2：台湾课纲微调议题 2014-Q1~2016-Q4 整体状况声量趋势变化

由图 3-2 可看到：2014 年 1 月 27 日台湾教育部门公布课纲微调，引发争议，认同性议题出现，第一季累积约 2 万笔网络声量，接下来慢慢下降，各季平均 3600 笔，虽然数量不多，却始终不断。一年多时间低位徘徊，直到 2015年第三季，趋势线剧烈飙高，主要原因来自"反课纲"团体包围、闯入台湾

"教育部"，特别是学生团体发言人轻生表达抗争，事件性议题出现，引起社会大众关注与议论，单季累积约 86 万笔网络声量。

单纯的认同性议题，一般卷不起大风大浪，如果没有事件性议题的介入，持续一年多的课纲微调议题可能继续低烧运行。台湾课纲微调议题的舆论风潮是由认同性议题与事件性议题联手制造的。认同性议题的发酵，为事件性议题的燃烧提供了火药，而事件性议题加剧了认同性议题的争议。

第三节　台湾"反课纲运动""媒戏模式"的大数据分析

事件性议题不仅加剧了课纲议题的争议，也给"反课纲运动"加入"戏剧"。号召上街、冲闯"教育部"、学生代表轻生，这一系列事件，把戏剧人物、戏剧行动与戏剧场面带入台湾课纲微调争议，制造巨大的围观。课纲微调宣布一开始，媒体就在推波助澜，但始终翻不起大浪。事件性议题成为台湾课纲微调议题网络口碑的重要节点证明，媒体化必须与戏剧化结合，抗争政治才能形成巨大的舆论风暴。

借助大数据，我们看到台湾"反课纲运动"异常活跃的媒体要素与戏剧要素，它们结构成一系列的关系框架，使得政治抗争在传播中植入表演，在表演中放大传播，结构成媒体化运作与戏剧化操作的"媒戏模式"。

（一）新闻发布与戏剧行动

如图 3–2 所示，"台湾课纲微调议题"有 5 个节点，都是媒体重要的新闻来源。台湾教育部门的公布课纲微调方案是舆论的源头，但第一个节点并没有激起舆论的轩然大波。整整一年后，台湾课纲微调被判违法，这第二个节点是舆论剧情的反转，但舆论仍然只是轻度升温。舆论的陡起是从第三个节点开始。下图以日为单位展开时间轴，统计 2015 年课纲微调议题第三季度的声量趋势变化，三个节点分别是："反课纲学生夜袭台湾教育部门""学生轻生表达抗争"以及"台湾'教育部长'与学生团体座谈会"，从 7 月 15 日至 8 月 11 日为期四周，便创下累积约 75 万笔的讨论声量。

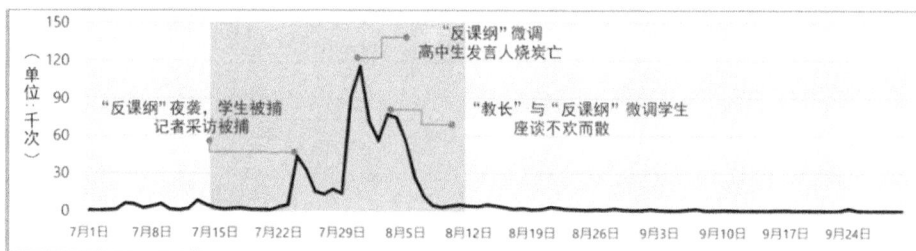

图 3-3：台湾课纲微调议题 2015 年 Q3 声量趋势变化

前两个节点，都属于新闻发布，但不是戏剧动作。大家在看新闻，还不是看戏。议题的相关人，还是在各自的领域活动，各说各话，有冲突，但不是戏剧冲突；有活动，但不是戏剧行动。亚里士多德对悲剧的定义是"悲剧是对于一个严肃的、完整的、有一定长度的行动的摹仿"。行动，曾被认为是戏剧的第一要素。1545 年意大利戏剧理论家基拉尔底·钦提于首先提出戏剧"三一律"(classical unities) 的概念，要求戏剧创作在时间、地点和行动三者之间要保持一致性。这个从亚里士多德《诗学》萌发的种子，最后在法国新古典主义戏剧中开花结果。舆论的前面两个节点，无论是公布课纲微调还是判断课纲微调违法，都是议题方单独的亮相行为，尽管引发争议，还没有构成戏剧行为，当学生夜袭台湾教育部门时，课纲微调议题的两组角色，就在同一时间、同一地点正面交集，戏剧就开始了。新闻的发布最终转变成戏剧的事件，课纲微调也从对政策的争议，转变成对政策的抗争，青年学生运动至此形成，舆论的高潮到来了。

（二）新闻人物与戏剧角色

新闻应具备 when(何时)、where(何地)、who (何人)、what(何事) 和 why (何故) 这五个要素，但五要素的"何人"，未必是人格化的人，可以是机构或组织，只是对于新闻来说，人格化的人更有传播点。戏剧的行动，则一定是人物的行动，戏剧的角色必须是真实的个人，不能是机构或组织。一个事件，可能有新闻人物，但未必有戏剧角色，戏剧角色必须有冲突的相对方，即便是独角戏，也有隐藏的对手戏。

抗争政治不仅可以提供新闻人物，还可以提供戏剧角色。下图是大数据呈现出来的台湾课纲微调议题的人物关系谱。①

①　将新闻内文透过 TextMiner 技术取出人物名称，再建构新闻人物网络图，并且透过逐步降低权重值，观察关键人物网络的发展模式，文字的大小表征曝光量的多寡。

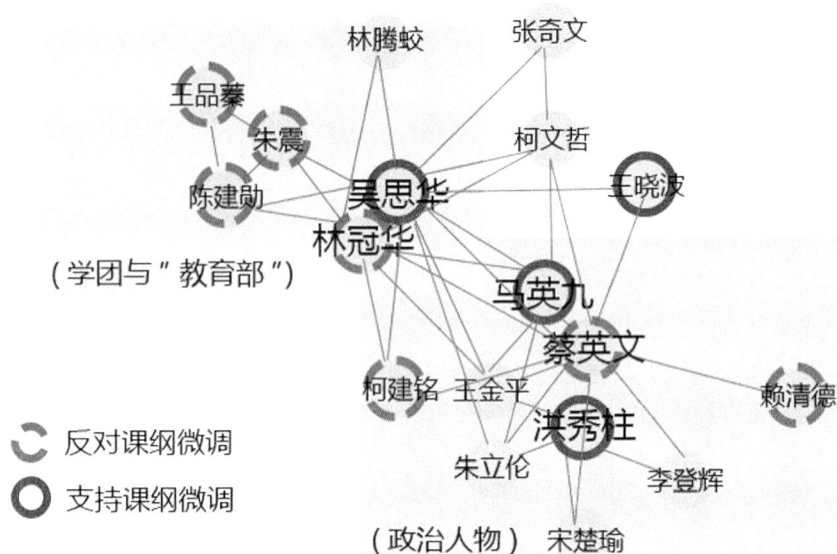

图 3-4：台湾课纲微调议题的人物关系图谱

无论是教育圈还是政治圈，新闻人物都构成密集的关系网，并且形成对立的两大阵营，分配为不同的戏剧角色。从人物关系图谱可以看出，主角还是在教育圈，一个是"教育部长"吴思华，另一个是反课纲高校联盟发言人林冠华。所有的关系链条几乎都指向他们两个。在抗争政治的反课纲学生运动看来，前者是他们的敌人，后者是他们的英雄。敌人必须丑化，吴思华在座谈会现场的一个怪异表情，被做成表情包在学生网络里疯传。而英雄必须牺牲，特别是林冠华的最后烧炭自杀，把"反课纲"运动变成悲剧事件，并把舆论推向高潮。

（三）前台与后台

新闻不需要舞台，但戏剧需要舞台。没有舞台就没有戏剧。抗争政治同样在寻找自己抗争表演的舞台，这个舞台一般都是公共空间，是人群密集的区域，或者标志性的公共空间。无论集会、罢工、示威、请愿、游行、占领公共场所、冲击官方机构，都需要选择这样的公共空间。这一方面是方便围观，引发现场关注，另一方面，也容易吸引媒体，特别是方便视觉媒体的报道，即便是平面媒体，公共空间里的抗争表演，也蕴藏着丰富的图片素材资源。所有的抗争运动，都有一系列可传播的公共空间图片。

抗争表演选择的公共空间，就是抗争政治的前台。其它都是后台，后台是为前台服务的。走在前台的就是演员，藏在后台的就是导演团队与制作团队。公共空间是抗争政治最鲜明的戏剧化标志。

抗争运动的策划者第一个要选择的就是抗争政治的表演区域。"占领华尔街"运动选择的是华尔街，"太阳花学运"选择的是台湾"立法院"，香港"占中运动"选择的是中环。在台湾"反课纲"运动里，这个公共空间，首选的就是台湾"教育部"办公地点。

在新媒体时代，抗争政治的前台与后台界限不那么清楚，可以出现多个表演区。以前媒体属于后台，是为公共空间的表演区服务。媒介里虽然也有表演，比如电视直播静坐，但很明显，静坐的表演区还是在公共空间。新媒体的出现，直接给抗争政治提供了新的表演区，自媒体成为媒介里的公共空间。

从图3-5可以看到，台湾课纲微调议题的网络舆论声量，95%来自互联网社群，只有5%来自媒体报道。

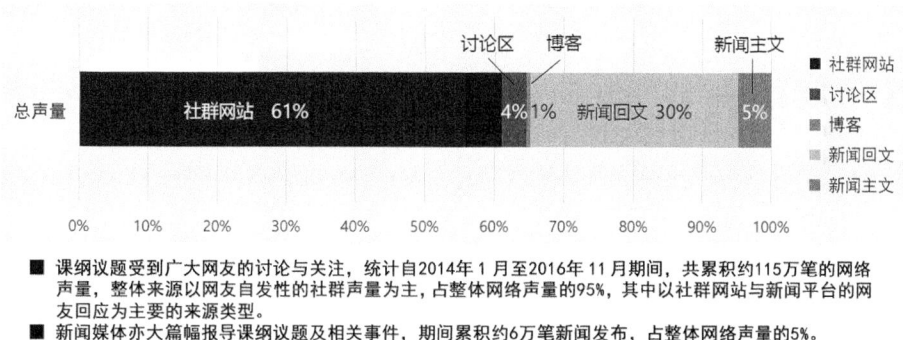

■ 课纲议题受到广大网友的讨论与关注，统计自2014年1月至2016年11月期间，共累积约115万笔的网络声量，整体来源以网友自发性的社群声量为主，占整体网络声量的95%，其中以社群网站与新闻平台的网友回应为主要的来源类型。
■ 新闻媒体亦大篇幅报导课纲议题及相关事件，期间累积约6万笔新闻发布，占整体网络声量的5%。

图3-5：台湾课纲微调议题的声量来源分布

在台湾课纲微调议题里，即便是把新闻回文的30%声量归给大众传媒，那么也有65%的声量直接产生于网络社群。图3-6是新闻曝光与社群声量的排行。

社群声量热门频道排行

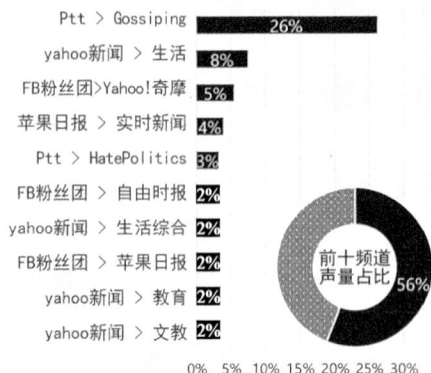

新闻曝光热门频道排行

图 3-6：台湾课纲微调议题新闻与社群的声量排行。

图 3-6 中的新闻热门频道，它们还是台湾"反课纲"运动的后台，而社群热门频道则是"反课纲"运动的前台。从新闻频道看，声量的数量，从高到低呈现阶梯式的递减，各频道声量相差不大，说明人们接受"反课纲"运动的新闻信息来源，还是非常均衡，属于平衡报道，没有出现信息封锁、信息垄断或一边倒的现象。但网络社群却从高到低出现断崖式的下降，PTT 一支独大，成为"反课纲"运动的主表演区。

（四）演员与观众

抗争政治在新媒体时代前台与后台的变化，也导致演员与观众的变化。冲突的抗争政治，因为公共空间的限制，只有少数人作为演员。比如，威胁跳楼自杀的人不可能太多，即便是广场集会与大游行，人数上万就很了不起了。其人员的政治参与，主要是作为观众出现。

但新媒体时代，这种现象发生改变，自媒体开始成为人们另一个表演区，成千上万的人，可以在这里留言、评论，进行表演。在这样的政治抗争"新剧场"里，演员与观众的界限模糊了，大家既是演员，又是观众。

台湾课纲微调议题，可以看到演员阵容的分布。见下表 3-2：

表3-2：台湾课纲微调议题热门频道排行

社群、讨论区热门频道排行与网友立场				新闻平台讨论区热门频道排行与网友立场			
排序	频道	声量占比	主要立场	排序	频道	声量占比	主要立场
1	Ptt > Gossiping (八卦版)	23.58%	反对	1	yahoo新闻 > 生活	7.70%	支持
2	Ptt > HatePolitics (政黑版)	2.54%	中立	2	FB粉丝团 > Yahoo!奇摩新闻	7.18%	支持
3	Ptt > WomenTalk (女版)	2.00%	中立	3	苹果日报 > 实时新闻	4.89%	中立
4	校园聊天-Dcard >时事	0.98%	支持	4	FB粉丝团 > 苹果日报	2.63%	中立
5	mobile01 >新闻与时事	0.81%	支持	5	FB粉丝团 > 自由时报	2.35%	反对
6	伊莉讨论区 > 时事讨论	0.79%	中立	6	FB粉丝团 > 风传媒	1.98%	反对
7	FB粉丝团 > 中国国民党KMT	0.73%	支持	7	FB粉丝团 > China Times(中时)	1.82%	支持
8	FB粉丝团 > 洪秀柱	0.58%	支持	8	联合新闻网 > 要闻	1.71%	支持
9	FB粉丝团 > 蔡英文	0.58%	反对	9	中时电子报 >政治	1.18%	支持
10	FB粉丝团 > 蔡正元	0.41%	支持	10	FB粉丝团 > TVBS 新闻	0.88%	支持

抗争政治中，新媒体表演区的演员与公共空间表演区的演员有如下不同：

公共空间演员一般是抗争者，新媒体演员大量出现反抗争者。

公共空间演员一般是代表者，新媒体里演员无需代表，每个人都是演员。

公共空间演员纯粹是演员，角色一般不变化；新媒体演员随时转变为观众。大家互为演员互为观众。

公共空间演员以剧组的形式出现，一般有剧本。新媒体演员以抱团的形式出现，一般没有统一的剧本。

"反课纲"运动的参与者出现既高度重叠又高度分化的特点。高度重叠指的是演员与观众，大家既是演员，也是观众，角色随时变换。高度分化指的是不同阵营的演员与观众彼此区隔，不同的演员有不同的观众，他们绝大部分都是到固定的场所，观看表演或自己表演。最主要的两个场地就是PTT八卦版与雅虎新闻生活区两个频道。这种高度重叠与高度分化，在各种媒体平台中，形成一个个"政治剧场"，固定的演员、固定的观众、固定的剧目，产生一种相互取暖、各自内卷化的"媒体政治剧场效应"。

这和传统政治抗争的"媒戏模式"有很大不同，传统的政治抗争，表演区主要在公共空间，对立双方的"演员"在一个表演区，观众无法严格的区分，形成"公众的观众"，即使通过传统媒体传播，受众也没有严格的区隔，每个人可能有不同的立场，可以选择不同的媒体，但受众是分散在各处的，彼此无法联系，也无法确认对方的立场。但"媒体政治剧场"却让不同的观众区隔起来，你进入一个剧场，就进入一个族群，形成"族群的观众"，你不仅观看表演，而且参与表演。这种内卷化，加剧着台湾族群的分裂。虽然也有中性的讨论空间，理论上有彼此交流的机会，但声量微乎其微。

（五）议题与剧情

"反课纲"运动作为一种抗争表演，是有剧情的，这个剧情，就是舆论的议题。见图3-7。

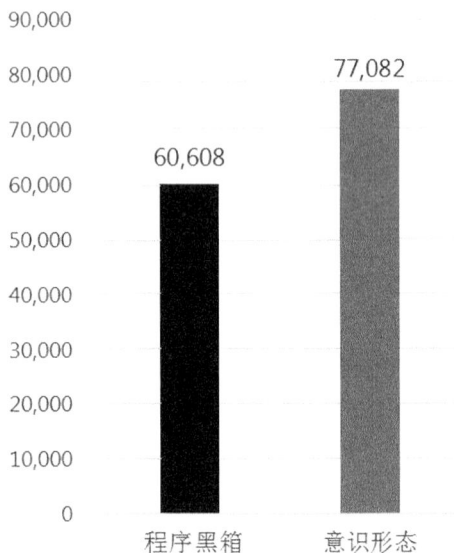

图3-7：台湾课纲微调议题争议类别的社群讨论声量[①]

台湾"反课纲"运动发起者最先打出的旗号是"反黑箱"，正如台湾《旺报》的评论："现在在台湾，要想攻击某项政策，最好的办法已经不是针对内容找到问题，而是直攻程序问题，将之打上黑箱的标签，即可义正辞严的加以批驳。"表面上，"反黑箱"是"反课纲"运动最重要的动员诉求。但大数据分析的结果，却让真相大白。意识形态的话题，远高于程序黑箱的话题。

从戏剧角度来看，"反课纲"运动是一个双线剧情。戏剧的表面情节是反黑箱，但真正的情节主线还是意识形态争议。"台湾史"比例与"中国化"是核心的争论议题，也是最重要的剧情。

---

　　① 依争议层面将网友讨论的争议类别分为"程序黑箱"以及"意识形态"，分别由多组关键字词定义其范围。程序黑箱的关键字词是：黑箱、违法、程序、合法、透明、审查委员、审查成员、审核名单。意识形态的关键字词是：意识形态、大中华、中国化、大中国、皇民、"台独"、亲中、卖台、统派、媚中、仇日、洗脑、史观、慰安妇、日本、篡改、郑氏、明郑、明朝、"日治"、殖民、荷西、光复、鸦片、五四运动、麻荳、清廷。

第四节　结论与启示

"反课纲"运动的大数据分析，再一次证实了抗争政治"媒戏模式"的存在，随着新技术新媒体的出现，"媒戏模式"拓展出新功能，演化出新形式，媒体化与戏剧化进一步融合。对"媒戏模式"的探讨，有助于更深入地把握台湾青年运动的发展规律。综上所述，可以得出如下结论与启示：

1. 抗争政治如果不是以推翻体制为诉求，很容易采取"媒戏模式"。

抗争政治以戏剧表演吸引注意力，以媒体传播扩大影响力，最后在社会形成号召力，三力集合，就是不可忽视的政治力量。抗争政治的媒体戏剧化，使得抗争政治必须遵守戏剧规律与传播规律，必须掌握表演技巧与提高媒介素养。反过来，对抗争政治的研究，就不能停留在政治研究、社会研究的层面，而应该借助戏剧理论、表演理论、媒介理论与传播学理论把抗争政治的研究推向深入。

2. 在社会运动体系框架中，青年运动采取"媒戏模式"的概率最大。

历史上来看，青年运动一般不以推翻体制作为运动诉求，他们最频繁提出的政客下课、政策修改、抵制某货、某某道歉、追究责任、惩办凶手、公布真相、改善待遇等，都是可以通过程序在体制内解决的诉求，所以，他们绝大多数采取"媒戏模式"开展抗争。青年学生群体相对于其它年龄层有更强的表演欲，更愿意采纳用戏剧的方式表达政治诉求。他们又是媒体广告最看重的消费群体，是媒体最重视的受众。相比其他族群，青年运动更擅长运用"媒戏模式"进行抗争。

3. 从抗争剧目可以看出不同的青年运动之间的关联，也可以预测未来青年运动的走向。

有抗争表演，就有抗争剧目。不同的青年运动可能属于同一个剧目，或者同一个青年运动，采取不同的剧目。而且不同的青年运动之间，可能存在抗争剧目的传承。比如，台湾"野百合运动"，就是台湾青年运动的一个剧目之母，台湾后续的青年运动，或多或少都以它为模板，连名字都有连贯性，比如"野百合运动"与"野草莓运动"。有意思的是，全世界各种抗争运动，很多都用植物命名，台湾也是如此。台湾舆论场与香港舆论场存在着一种"交叉传染"现象，其中一个表现就是两地青年运动之间的剧目影响。比如香港"占中运动"就是学习、模仿、借鉴了台湾"太阳花运动"的剧目形式。这种剧目的模仿借鉴，比人员之间的交流，对运动的影响更深刻。而未来的青年运动，也可以从它的相关迹象，预测它将采取什么样的剧目形式。

4.通过演职人员表可以更深入地分析青年运动的组织系统与运动方式。

有抗争表演，就有演职人员。过去对青年运动主体的分析，往往笼统将之称之为组织者与参与者，其中组织者最多细分为领导者与骨干分子。但"媒戏模式"的研究，就可以把青年运动分为剧组与观众，而剧组又可以细分为表演者系列与制作者系列。对表演者系列，可以研究表演风格、表演流派与表演惯习。而制作者系列，则可以分为编剧、导演、副导演、制作人、出品人、剧务主任以及舞美、视频等各种工种。不同的编剧、不同的导演，就会有不同的戏剧，同样，不同的剧组就会有不同的抗争表演运动，他们的习惯，会直接影响运动的性质、规模与走向。比如有学者以运动习惯为维度，将台湾青年运动者划分为"议题型"与"事件型"两类。前者话语策略偏向草根，不禁粗口，敢于暴力对抗，主打"陈情""喊冤"，偏爱绝食、卧轨、上血书这类刺激性表演方式。后者的话语偏向精英，不说脏话，不暴力抵抗，抗争时还不忘垃圾分类与地面清洁，往往选择静坐、游行等理性表演方式[1]。

5.抗争舞台一定程度上决定了青年运动的规模、形式、甚至性质。

有抗争表演，就有抗争舞台。不同的舞台，决定了戏剧的容量与形式。一个导演在排一出戏时，首先就要考虑在哪个舞台表演，同样，抗争运动者首先也要选择抗争表演的表演舞台。青年运动最喜欢的舞台就是标志性的公共空间与具有权力象征的建筑空间，比如广场、大街与权力者的办公场所。一个城市如果没有万人剧场（运动场），就办不了万人的演唱会。同样，一个城市如果没有可以容纳万人的广场，就很难组织上万人的静坐示威。香港的青年运动为什么很难像台湾那样聚集动辄聚集几十万、上百万人，就是因为他们没有台湾那样巨大容量的公共空间。香港特首办公地点前没有广场，使得香港特首办公场所外几乎没有大规模静坐活动。而且香港没有与人们日常生活相对隔离的巨大公共空间，青年运动一占领公共空间，就容易扰民，就不容易得到市民长期支持。相反，台湾因为有"总统府"前的凯达格兰大道，"百万倒扁"在这里发生，25万人送别洪仲丘也在这里上演。从表演空间出发，可以对台湾青年运动的运动形式进行梳理、归纳与预测。

---

[1]　蔡一村，陈超：《角色与惯习——"3·18反服贸运动"中的多元运动者》，《台湾研究集刊》，2017年第3期，总第151期。

6. 媒介不仅是青年运动的传播工具，也是其表演舞台，甚至是组织机构。

有抗争表演，就有抗争传播。媒介，改变了青年运动。电视直播时代的青年运动，不同于广播时代的青年运动；而新媒体时代的青年运动，也不同于电视时代的青年运动。媒介的价值，首先表现在它是传播工具。某种意义上说，没有媒介，就没有近现代青年运动。如前所述，青年运动一般不以革命为目的，他们的抗争行动主要是抗争表演，但现实空间的表演，人数再多也有限，只有传媒可以成千上万倍地放大传播效应。青年运动要做的就是按照传播规律提供给媒体最感兴趣的内容，由此，青年运动就不能不受到媒介法则的影响与制约。比如百万倒扁运动，为了给电视直播更好的可视感，就根据航拍效果将游行路线设计成俯拍起来是一个巨大的倒扁图腾。

新媒体时代，媒介的价值发生了质的变化，媒介不再是纯粹的传播工局，媒介也变成了表演的舞台，是抗争政治另一个表演区，它扩容了青年运动的演员阵容，而且让演员与观众的角色界限模糊，青年学生既是在新媒体围观的受众，也是在新媒体表演的演员。新媒体对青年运动的一个新的影响是新媒体成为青年运动的组织机构。比如"g0v 零时政府"，这是由一群程序员于 2012 年底发起成立的台湾线上社群，在反服贸协议运动一开始，他们马上透过网络协作平台"Hackfoldr"成立"反服贸"专区，为运动的信息发布、资讯汇整、场内通联提供专业支持，并在脸书上成立"反黑箱服贸协议"社群，一周内有 35 万名粉丝加入，贴文触及总人数超过 430 万人[①]。

7. 英雄、敌人、牺牲者形象，是青年运动的标配。

有抗争表演，就有角色塑造。抗争剧目的主角，必须是英雄，因为他抗争的一定是强大的力量，巨大的压力下，就会产生英雄。不过，青年运动近来出现一种解构主义倾向，青年学生群体越来越对青年学生领袖的动机与角色产生怀疑，质疑其出风头捞取个人资本的功利性，担心反权威的结果又塑造了一个权威。加上新媒体的出现，人们表达诉求的渠道更加畅通与多样化，社会压力不容易聚集成一个运动。

没有英雄的运动是很难达到高潮的，而英雄的出现，必须以敌人的存在为前提。抗争需要敌人！没有敌人，就没有抗争。敌人不仅给英雄的存在提供价值，而且给群体的抱团提供黏合剂，所谓同仇敌忾。更重要的是，只有敌人，

---

① 吴中杰：《史上最大学运推手：免费网络工具》，http://www.dgnet.com.tw/articleview.php?article_id=23383&issue_id=4617&product_id=1095&sub_id=116。

才能给青年运动这个台风，提供源源不断的水汽。如果没有敌人，也要制造一个敌人。在台湾的政治选举中，为什么中共不参加选举却屡屡被提及，就是因为有人需要制造敌人。

敌人最好是能够具象化与人格化，因此，对方阵营里某个人物的出格、出错、出丑，就会被抗争政治无限放大。这一次的台湾"反课纲"运动，找到的敌人就是台湾"教育部长"。对敌人的塑造，有两个方向，一个是邪恶化，一个是丑化，总之都是妖魔化。把敌人邪恶化，容易把运动变成悲剧。把敌人丑化，容易把运动变成喜剧。

角色塑造中，一个最为关键的角色是牺牲者形象。绝食者、卧轨者、跳楼者、自焚者……牺牲者会创造巨大的悲情，为抗争运动提供巨大的能量。从台湾课纲微调议题口碑趋势就可以看出，正是林冠华的烧炭轻生，把运动推向高潮。

最后要总结的是，抗争政治的"媒戏模式"，由于其抗争行为选择了戏剧化、媒体化的方式，相比于革命的行为，对社会的冲击无论是强度还是烈度都大幅度减少。但也正因为它处于一个安全的阀域里，反过来便于抗争政治频繁使用，时不时制造社会的震荡。特别是所谓的"媒戏模式"，青年人可以玩，其他主体也可以玩。一个青年运动，表面上是青年人在唱主角，其实暗潮涌动，各种政治人物、政治实力，都在台前幕后影响与推动剧情的发展。用大数据一分析"反课纲"运动，幕后的政治人物、政治势力就会暴露出来。戏剧化、媒介化的青年运动，演得过头，或者穿帮，就会走向目的的反面。而"媒戏模式"的分析框架，将有助于人们认识青年运动的实质与呈现方式，并把握青年运动的规律。

"媒戏模式"进入新媒体时代，出现了一种"内卷化"现象。美国人类学家吉尔茨 (Chifford Geertz) 用内卷化 (involution) 一词描述这样一种现象：一种社会或文化模式在某一发展阶段达到一种确定的形式后，便停滞不前或无法转化为另一种高级模式 [①]。"如果一个社会或组织长期在简单层次上与内部系统里自我重复、自我消化，我们就可以称之为'内卷化'。不仅在落后的农业社会会出现内卷化现象，在现代的互联网社群，同样面临'内卷化'的风险。"

[①] Clifford Geertz, Agricultural Involution:《The Process of Ecological Change in Indonesia》，第 80—82 页。

从大数据看台湾课纲微调议题，声量排名第一的频道PPT的八卦版，其声量占比是23.58%（见表3–2），与之相对比的是新闻媒体的声量占比是5%（见图3–5），也就是说，在台湾课纲微调议题里，PTT一个频道的声量，是整个新闻媒体声量的近5倍。这已经不是关键少数，而是压倒多数，在台湾课纲微调议题这个舆论场，其声量几乎完全由PTT八卦版主宰。PTT八卦版的方向，决定着课纲议题的舆论走向，特别是其影响的人群就是青年学生，PTT八卦版是"反课纲"运动的真正大本营。

如果不看大数据，人们可能会被新闻媒体的相对平衡报道，或者被Facebook的多元评论所迷惑，只有从大数据分析，才能够发现PTT八卦版这个庞大的媒体帝国。其一边倒的舆论方向，已经成为左右台湾政坛一支独大的舆论力量。台大PTT是以学术性质为目的，提供各专业学生实习的平台，是台湾最大，而且更可能是全球最大的电子布告栏(BBS，Bulletin Board System)，掌握着台湾最活跃的年轻族群。

PTT标榜在网际网路上建立起一个快速、即时、平等、免费，开放且自由的言论空间，拒绝政治势力与商业利益的侵蚀，不接受任何政治、商业的合作申请，绝大部分管理者由在校学生与毕业学生民主产生。可是，青年学生追求的民主、平等、开放，放在一个特殊的时空，却可能走向目的的方面。一个理想的社会公众讨论空间，应该允许多元主体与多元声音的存在，政党、政治人物、意见领袖、社会团体、所有的个人都可以在这个空间发声，声音可以碰撞，观点可以交锋，但PTT不可能做到，严格的注册制度，使得PTT不可能向Facebook那样向全社会开放，在Facebook里，每个人、每个组织都可以有自己的账号，有自己的粉丝团。而PTT的平均年龄大约21岁，它连不同年龄的族群对话都做不到，更不要说其它族群的交流了。

PTT当然可以自我辩解，互联网平台各有分工，不能要求所有的平台都对全社会开放，都允许所有利害方进行平等和充分地交流。但是，当PTT从学术性质的学生平台，转为讨论社会公共议题时，就变成为社会公众讨论空间，其族群的单一化就制约了其成为理想的社会公众空间的合理性，特别是当它一支独大，以压倒多数的规模，加上其一边倒的倾向，俨然变成了一个媒体帝国，成为舆论场的超级大怪兽，成为意见输出的垄断托拉斯，从而加剧了其对公民社会的侵略性以及对舆论空间秩序破坏性的风险。一个学生为主体的学术性质的平台，不足以担任如此重任的公共平台角色，就像一棵大树，不可能生长在盆景里。

从某种意义上说，PTT 在改变台湾，而且这种改变，目前几乎没有制衡的力量。更为严峻的是，两岸无论是政界，还是学术界，对 PTT 的研究普遍缺乏。以 PTT 为驱动器，台湾青年运动的内卷化将越来越严重，这是大数据与"媒戏模式"研究台湾课纲议题，带给人们最重要的启示。

（邹思容，香港科技大学 MA 硕士毕业，MPhil 在读。）

第四章 公共舆论与公共政策：2015 年台湾年金 政策改革议题

公共舆论与公共政策的互动是舆论场的焦点现象，解读其互动机制，最好置于舆论场的政治文化系统背景中，台湾年金政策与老农津贴等，是长期影响台湾舆论场的公共政策议题。本章选择 2015 年台湾年金改革议题为例，讨论政治文化视域下台湾公共舆论与公共政策的互动。

舆论场的公共政策问题属于民生议题，它的提出通常是为了解决公共问题。一般而言，随着问题的解决，诉求得到满足，舆论将会降解直至消失，因此生命周期较短。长期以来，在台湾舆论场中，台湾年金政策议题却反复出现，生命周期长达数十年，成为了台湾政治与台湾舆论的一道奇特景观。本章以台湾年金政策改革为例，借鉴阿尔蒙德的政治文化理论，将公共舆论和公共政策分别对应政治系统的"输入"和"输出"两部分，利用 2016 前夕台湾地区领导人选举大数据资料，探讨公共政策的输出障碍与公共舆论输入机制的相互关系，发现公共舆论与公共政策的互动模式。

第一节 概述——政治文化与台湾年金改革

舆论场的公共政策问题属于民生议题，一般而言，在民生诉求得到解决之后，该议题不会长期活跃在舆论场。而在台湾政治文化的环境下，作为公共政策的年金改革，始终没有彻底解决，作为民生议题的年金改革议题，不断形成舆论高峰。1958 年，台湾开始以法令形式保障部分职业民众的年金。1993 年后，台湾政坛实现了政党轮替，执政者开始对碎片化的年金政策进行改革，其中军公教年金、劳保年金和"国民年金"等问题尤为突出。尽管多次进行年金政策的调适和改革，该政策却不断成为台湾社会问题导火索，年金改革议题至今依然活跃在台湾舆论场，已经存在二十余年。

邹振东[①] 根据舆论议题的周期性将台湾舆论议题分为两种类型，生命周期短的第一类议题绝大部分为诉求型舆论议题，这些议题一般源于某个事件或问题，从而产生明确的中短期诉求。但随着诉求得到满足，舆论议题也不复存在；生命周期长的第二类议题被归类为认同性议题，"认同性舆论议题，一般源于情感、观念和价值的分歧"，这类议题若在舆论场式微直至消失通常有两种情况：一种是这一种情感、观念和价值不再值得人们关注，一种则是这三者得到了统一。

根据舆论议题的周期性特征，本章想要探索，作为民生议题的年金政策改革议题是不是"感染"了认同性议题的特征才会在舆论场长期出现？为什么所有社会力量都已窥见台湾年金政策中的分配不正义和阶层不平等，但这个公共政策至今都没能形成一个符合公共舆论诉求的结果。

（一）阿尔蒙德政治文化理论中的"输入"与"输出"

"政治文化"最早由阿尔蒙德在比较政治学领域提出，他认为政治文化指的是："作为被内化 (internalized) 于该系统居民的认知、情感和评价之中的政治系统。"在阿尔蒙德的分析模式中，他强调从文化层面深度分析政治系统。阿尔蒙德认为研究任何一个政治体系，不仅要知道该政治体系的实际作为，还要了解这个体系的基本倾向，他把这些倾向 (政治体系的心理方面) 称作政治文化。之后，阿尔蒙德将这个定义进而阐释为："一个民族在特定时期流行的一套政治态度、信仰和感情。"

阿尔蒙德在比较政治学领域中认为，政策的制定执行是一个循环的过程："决策、执行、输出、结果、反馈和再次决策，构成了公共政策过程的各个阶段。"在他的著作《比较政治学：体系、过程和政策》中阐述了政治学家戴维·伊斯顿运用系统理论分析政治的术语："系统理论通常把体系与其环境之间的相互作用分为三个阶段：输入、转换和输出。"其中输入分为两种：要求和支持。"要求"指公众向政治系统提出的主张，他们出于自身利益的需要，要求政治系统采取行动；"支持"则是指他们做出的服从政治系统分配的举动，比如投票、纳税、守法等行为。

相对应的，公共政策的贯彻和实施是政治系统的"输出"环节，它经由政

---

① 邹振东:《台湾政治文化的符号变迁研究》，厦门大学，2007 年。

治系统内部的转换，将"输入"转换为"输出"。在这三个关键概念中，只有转换是内部的，输入和输出都是系统与环境作用的结果。阿尔蒙德在《公民文化：五个国家的政治态度和民主制》一书中继而提到，输入指的是"需求流 (flow of demands) 是如何从社会进入政体以及这些需求是如何转换为官方政策的"。在输入程序中，主要涉及的机构有"政党、利益集团和传播媒介"。

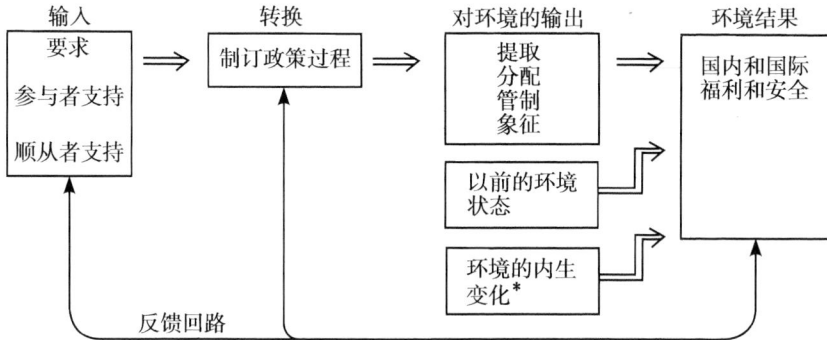

图 4-1: 从体系观点来看政治过程

* 不是政治体系本身的行动所引起的变化

资料来源：[美] 加布里埃尔·A. 阿尔蒙德，小 G. 宾厄姆·鲍威尔著，比较政治学体系、过程和政策，东方出版社，2007.7，第 10 页

图 4-1 中阿尔蒙德的这一框架为本研究对台湾舆论场中年金政策议题的探索提供了良好的理论借鉴，从舆论学的角度来看，图 4-1 中公众的"要求"和"支持"在舆论场中的表现形式即为公共舆论，借鉴这一理论，本研究将公共舆论和公共政策分别对应政治系统的"输入"和"输出"两部分。公共舆论从社会进入政体，转换成公共政策，公共政策输出后与环境相互作用形成结果，这个结果又反馈回去影响了"输入"环节，形成了一个"输入—转换—输出—反馈"的互动模式。

在对"结果和反馈"这一部分的阐述中，阿尔蒙德认为，公共政策最重要的结果之一是社会的经济福利分配，如果公共政策引起的分配造成了不平等，就会由于不平等而提出再分配的要求，反馈进政治体系。"进入这种反馈不是直接的，而是要以政治文化为媒介的。"

在"反馈比喻"一章中，阿尔蒙德提及了图 4-2 的"反馈比喻"模式：政治体系的输出，会与其他输出结合在一起，经由政治文化成为结果，又再一次通过政治文化，产生反馈。借鉴这一过程来理解舆论场中的年金政策议题可知，作为政治体系的输出，年金政策出台后由于分配的不平等、不正义造成了社会阶层矛盾这一"结果"，这一结果经由政治文化以通讯传播工具为载体形成对输入环节的反馈。

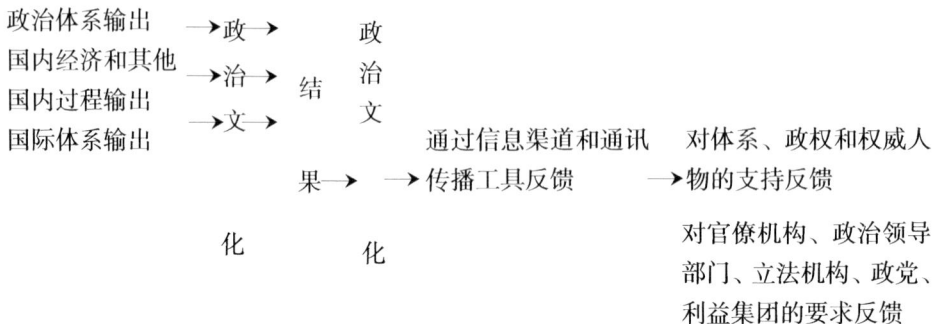

政治体系输出　　→政→　　政
国内经济和其他　→治→　结　治
国内过程输出　　→文　果　文
国际体系输出　　　　　　　　通过信息渠道和通讯　对体系、政权和权威人
　　　　　　　　果→　→传播工具反馈　　　→物的支持反馈
　　　　化　　　化　　　　　对官僚机构、政治领导
　　　　　　　　　　　　　　部门、立法机构、政党、
　　　　　　　　　　　　　　利益集团的要求反馈

图 4-2：阿尔蒙德的"反馈比喻"

资料来源：[美] 加布里埃尔·A.阿尔蒙德，小 G.宾厄姆·鲍威尔著，比较政治学体系、过程和政策，东方出版社，2007.7，第 371 页

在台湾年金政策议题在台湾舆论场活跃的长时间段中，一方面关于年金政策的舆论争议反复出现，另一方面合理的年金政策却总是难以出台，或是出台后不断引起社会矛盾，导致年金改革的呼声高涨，不断形成反馈，制造新的舆论。这个现象表明，从舆论学的角度来观察，台湾舆论场中公共舆论到公共政策的转换过程出现了障碍。

本研究试图借鉴阿尔蒙德的政治文化理论，运用各种研究方法与分析工具，梳理台湾舆论场中公共政策议题长时间活跃的背后机理，揭示台湾政治系统中公共舆论到公共政策转换障碍的成因，更深入地了解台湾舆论场的特殊性，探索公共舆论与公共政策之间的互动规律。

（二）公共舆论与公共政策

公共舆论可以被理解为公众对公共领域中特定的议题表达的观点和态度的汇集。邹振东[①]认为："舆论是由多数人表达，或向多数人传播，或在多数人反应的对某一对象的共同关注。"之后该定义继而被明确阐释为"人类任一群体、个人或机构对任一对象关注的表达与聚集"。由此可知，舆论的主体不是单一的，它不仅仅是"公众"，还包括"政府、政党、大众媒介和意见领袖（个人）"。

---

① 邹振东:《台湾政治文化的符号变迁研究》，厦门大学，2007 年。

民意只是舆论的一部分，民意不能代表舆论。在本研究中，公共舆论采用这个更广义的解读。哈贝马斯认为："一种意见要被界定为公共舆论，取决于两个因素：一是该意见是否从公众组织内部的公共领域中产生，二是大众传媒所在的外部的公共领域和公众组织内部公共领域之间的交往程度。"公共舆论同时也是政治学的一个分支，美国著名政治学家 D·B· 杜鲁门认为："公共舆论是由组成公众的个人观点的集合构成的。它不包括一群特定的人群所持有的所有观点，而只是那些关于特定公众问题或情况的观点。"

公共政策是指，"国家（政府）执政党及其他政治团体在特定时期为实现一定的政治、经济、文化的目标采取的政治行动或规定的行为准则。"[①] 其表现形式主要有：法令、方案、措施、条例、规划和计划等。[②] 还认为，公共政策决策过程不仅是公共权力组织社会资源分配和调整，也是公民、社会群体、利益集团意志自由表达，努力使决策有利于自身利益的过程。从这个意义上讲，"公共政策决策过程实际上就是国家、社会和公民之间利益博弈的过程。"

（三）研究猜想

阿尔蒙德在政治文化理论中对输入环节中的"需求流"是语焉不详的，在舆论场中，舆论议题以"需求流"的形式表现出来，因此，本研究提出如下猜想：

1. 在台湾舆论场中，对应政治系统的输入环节，存在两种类型的需求流，一种是"诉求性的需求"，一种是"认同性的需求"，只有这两种需求的共同实现才能使公共政策输出后与环境相适应。

舆论议题有诉求性和认同性之分，对应在政治系统中的输入环节，需求流也就存在"诉求性需求"和"认同性需求"之分。如果一个诉求性的舆论议题在长时间段中得不到解决，且不能使得政治系统产出合理的公共政策，很可能是因为该议题中的诉求性需求和认同性需求没有同时实现。诉求性的需求是为了达到明确的利益诉求（比如年金政策改革中要求提升劳保基金报酬率等，这直接与收益挂钩）；认同性的需求则是为了文化认同的共建（比如阶层、世代、族群之间冲突的调和）。只有两者同时实现，公民、社会群体、利益集团之间利益的博弈才能达成平衡。放到台湾年金政策议题中即，只有这两种需求的共同

---

① 娄成武，魏淑艳：《公共政策学》，东北大学出版社，2003 年。

② 周宇豪：《媒介舆论影响公共政策决策的过程及模式研究》，《郑州大学学报（哲学社会科学版）》，2013 年，46（04）:161—165。

实现，合理且适应社会民情的公共政策才可以产出。其模型与流程如下：

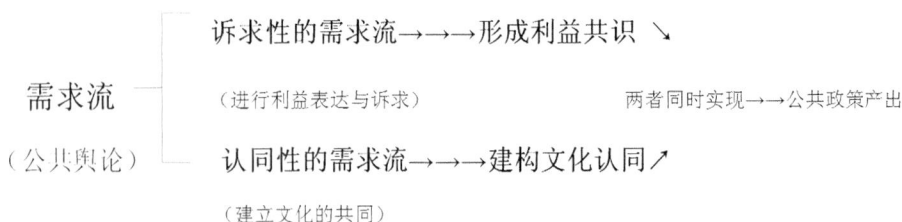

需求流（公共舆论）
- 诉求性的需求流→→形成利益共识 ↘
  （进行利益表达与诉求）
- 认同性的需求流→→建构文化认同 ↗
  （建立文化的共同）

两者同时实现→→公共政策产出

图 4-3: 公共舆论对公共政策的影响

2. 造成两股需求流分裂的原因是选举政治，而选举政治的背后是政党。

台湾的民主化在政治制度进程上相较威权时期更进步了，但出于对政治选举中选票的考虑，公共政策常常沦为政治工具，使得政党在轮替和选举过程中不断抛出"筹码"，最终因为这些出于政治目的的"加码"引起了族群、世代以及阶层的根本分歧，造成了认同上的共识障碍，这种分歧重新输入进政治系统，导致政策最终的难产。

第二节　台湾年金政策的历史

（一）台湾年金政策研究

年金是一种定期性、持续性的给付方式，它并不局限于按年给付，按月、周等周期的给付同样可称为年金。台湾年金改革，通常泛指台湾社会保险与退休金制度的改革。台湾的年金制度非常复杂，具体包括："军人保险、军人退抚、公教人员保险（公务员、公校教职员、私校教职员）、公务人员退休、学校教职员退休、私校退抚、政务人员退职、法官退养金、劳工保险、劳工退休、国民年金、老农津贴、农民健康保险条例等 13 种制度。"不同的社会保险之间因为标准不一待遇参差不齐。在台湾众多的年金政策中，改革呼声最高的为"国民年金"、军公教群体的年金以及劳保年金。其中"国民年金"的受众为 300 多万没有参加任何社会保险的台湾民众，其中大多是无工作者，故影响面广泛，意义重大。又因国民年金政策的出台历经波折，所以在对台湾年金政策的讨论中，"国民年金"是一个焦点问题，但它仅属于台湾年金政策中的一项，其中从属关系的概念需要厘清。

在大陆学者的研究中，台湾年金政策作为一项养老保险制度一直被纳入公共政策研究的范围，又由于涉及利益、福利的再分配，它还常被经济学视为研究对象，而在台湾研究和国外研究中，年金政策更多被放入政治制度的框架中来研究。

郑佳[①] 从社会福利理念入手，通过梳理台湾国民党和民进党福利政策的演变，来观察台湾民主进程与不合理的公共政策对台湾社会的影响。她采用实证研究的方法，选取台湾年金政策中的一种—国民年金—作为比较两党福利施政的个案研究，探寻这一制度的出台屡屡受到耽误背后的原因。分析发现"国民年金"的出台延宕是由于两党政见不一且出于政党选举的选票考虑，错过了最佳的开办时机。

王建民，汪灏[②] 以经济学视角对该政策进行探讨。文章也选取了台湾年金政策中的国民年金政策为研究对象，梳理了"国民年金"这一制度的基本架构，从经济学角度详细说明了它的经费来源与支付方式，并对"国民年金"制度改革引起的争议和问题进行了评述，有利于研究者从更加详细的政策剖析角度来理解台湾社会保险制度改革。

施世骏[③] 将是将整个台湾年金政策体系放入民主政治进程中来审视，给予本研究很大启发。他从政策过程的分析视角，展示了民主化过程的台湾政治生态如何影响养老金改革的理念与制度形成，借此审视民主政治中的社会政策形成过程。同时将这一政策放入东亚福利政策的大背景中进行比较和思考。最后得出结论："随着政治决策体系的开放与政党竞争态势的形成，呼应选民的需求以争取选票成为公共政策的主要考虑。"

施世骏和叶羽曼[④] 的研究中还认为，以往的研究更加注重台湾年金制度变迁，但对政治制度所造成的年金改革制约却未能进一步的分析，于是尝试透过政治制度论的理论视角，反省民主转型下年金制度变迁的方向。他们依旧选取台湾年金政策中较为经典的"国民年金"政策为例，将该项政策的研议过程与政治民主化中的制度变迁的过程联系起来，表述了民主突破、民主巩固、民主深化三个阶段的福利政策。他们认为："即使在民主政治中，社会政策也常常被

---

① 郑佳：《台湾执政党社会福利理念及实践比较分析》，武汉大学，2007 年。

② 王建民，汪灏：《关于台湾社会保险制度改革与建立"国民年金"制度的探讨》《台湾研究》，2000（04）：29—36。

③ 施世骏：《政治变迁中的养老金改革：对中国台湾经验的反省》，《公共行政评论》，2010。

④ 施世骏、叶羽曼：《政治民主化与社会政策：探索政治制度对台湾年金制度建构的影响》，《台大社会工作学刊》，（23）。

当作笼络选民的手段，借此争取选票支持，只要政党竞争愈激烈，对于福利政策扩张越有明显的效果。"因此在该项研究中，民主化被当作当作一个重要的观察角度，贯穿全文的脉络。

陈向宇[①]对台湾地区的养老保险制度进行了分析，他关注的重点为台湾年金政策中军公教群体的年金政策。他指出，目前台湾养老保险制度面临较大的困境：一是军公教群体与劳工等其他社会群体养老保险待遇悬殊问题，二是在军公教退抚基金和劳工保险基金中，存在着较为严重的财务危机。他也以此两点危机为研究主题介绍了台湾养老保险制度的发展历史和基本框架，找出困境形成的原因，提出台湾和大陆的养老保险制度"避免碎片化""现收现付"的建议，是对台湾年金政策的一个宏观思考。

张博等[②]也从社会保障角度对台湾年金制度进行评价，从会计学和制度保障方面评估，认为台湾这种基于职业分立的社会保险模式容易引发社会问题。黄泓智等[③]认为，台湾的年金改革没有建立有效的基金财务监理机制，使得年金缺口越来越大，劳保基金与退抚基金在两三年内就会入不敷出，10–15年后基金会彻底破产。他们的研究从财务金融的视角，试图找出可以达到至少30年以上财务健全的年金改革解决方案，并通过金钱价值比率的分析，找出同时做到世代不均影响最小的可行解决方案，为台湾的年金制度提供同时兼具财务永续性和世代公平性的改革方案。

综上，年金政策的研究多是从公共管理、经济学、政治学等角度进行研究，少有从公共舆论的视角切入，更缺乏将其置于政治文化背景下的分析考察。

（二）公共舆论与公共政策的互动研究

公共舆论与公共政策两者间的关系受瞩目已久，西方研究认为，公共舆论的焦点被大众传播媒介关注并放大后，会形成媒介议题，从而进入公共政策的关注视野，成为公共议题。

张宁，邓理峰[④]对"外压型"议题进入公共政策视野进行传播学变量分析，

---

① 陈向宇：《台湾养老保险制度困境、成因及启示》，浙江财经大学，2015年。

② 张博、张祖平：《对台湾地区年金制度改革的评价及启示》，《科研管理》，2015年，36（51）：406。

③ 王俪玲、黄泓智、杨晓文、陈彦志、郑惠恒：《年金改革与建立台湾永续年金制度》，《台湾经济预测与政策》，48(1),1—39。

④ 张宁，邓理峰：《"外压型"议题进入公共政策视野的传播变量分析——以广州市两个案例为分析样本》，《新闻界》，2013(07):14—18。

认为议题只要呈现在公共场合具有"意外性、冲击性、甚至破坏性和震惊效果的事实"，这种让政治权力感到压力的方式，就能够让公共舆论关注，使之进入公共政策视野。

郭昭如[①]、王瑞敏[②]等侧重谈公共政策制定过程中网络舆论监督的影响，并提出对策；彭璐[③]从议程设置角度解读，认为政府要学会通过设置媒体议程，研究当议程设置的主动权由大众媒体转为政府部门时，对媒体提出怎样的议程有利于形成良好的舆论环境，舆论在其研究中只是一个结果，和一个可以被影响的对象。李小雁，马昕[④]同样以政府为施动者对政策加以分析，从公共政策影响途径、影响的类型、影响的对象和政府对公共舆论应当采取的对策几个角度，来探究公共舆论怎样影响政策，是一个较为单向的影响过程。

宁璜[⑤]认为舆论传播可以通过产生强大舆论压力、作为民意表达的重要渠道、同化价值观等三个方式来影响公共政策。李磊[⑥]则是以网络舆论对公共政策制定的负面影响进行了深入的分析，但两者都是从公共政策制定的角度来谈舆论的影响，研究对象依然在公共政策本身。

还有不少研究从舆论影响政策议程设置的角度来阐述舆论与公共政策的互动。陈国营[⑦]基于压力模式的视角，梳理出网络舆论与政策议程设置过程的一般路径，认为网络舆论会产生足够的压力触发政策议程。杨森[⑧]提出网络舆论环境下我国政府政策议程设置具有"扳机""催化""博弈"和"利益整合"四个功能。陈娇娥、王国华[⑨]采用定量研究的方式，分析触发公共政策议程的现象，认为网络社会中应运而生的自媒体是当下中国"政策—媒体—公众"议程设置中关键的助推力。

① 郭昭如：《网络舆情对公共政策的影响》，复旦大学，2008年。
② 王瑞敏：《公共政策制定过程中的网络舆论监督研究》，内蒙古大学，2011年。
③ 彭璐：《形成有利于政府公共政策的舆论环境研究》，西南政法大学，2011年。
④ 李小雁，马昕：《公共舆论对公共政策制定的影响探析》，《湖南工业职业技术学院学报》，2015，15(06):38—40。
⑤ 宁璜：《公共政策过程中的舆论传播方式研究》，南昌大学，2015年。
⑥ 李磊：《网络舆论对公共政策制定的负面影响及其克服研究》，湖南大学，2016年。
⑦ 陈国营：《网络媒体对政策议程设置的影响研究——基于压力模式的视角》，《中共浙江省委党校学报》，2012年。
⑧ 杨森：《网络舆论视角下我国公共政策议程设置问题研究》，北京：首都经济贸易大学，2014年。
⑨ 陈娇娥，王国华：《网络时代政策议程设置问题研究》，《中国行政管理》，2013(01)。

在媒介舆论影响公共政策决策的过程中,石彦钧[①]虽然在探讨网络舆论对我国公共政策制定的影响研究中,也引入了政治系统的理念,认为网络舆论"能够有效汇聚政治系统的各类'要求',并输入到政策系统,促使政府采取相应的行动。"但他更多将舆论作为一种"政治系统的外部环境"来作参考,且并未作深度的案例剖析。周宇豪则加入了政治制度的视角,他认为,制度环境是影响公共政策决策的根本性因素,利益集团和政党是对公共政策决策最重要、影响最大的团体因素。媒介舆论的产生取决于语境,这种语境即体现为政治制度对媒介制度的控制,在他的研究中,强调了政治可以决定政府、公众和媒介三者的互动关系。以上两篇论文也给予了本文将舆论与公共政策的互动置于政治文化背景下以启示。

综上所述,关于公共政策与公共舆论如何互动的大部分研究都专注在舆论是如何影响公共政策的,只有少数研究借鉴政治学理论深度剖析两者间的关系,但不足之处是缺乏具有代表性的案例剖析,更未尝试借鉴政治学理论来探讨公共舆论与公共政策之间的互动模式。

(三)台湾年金政策改革的历史变迁

台湾年金政策从 20 世纪 50 年代起源。彼时,蒋介石当局与大陆处于紧张的敌对状态,当局的财政支出主要以军事防务优先,导致军公教人员待遇偏低,退休金微薄。这种背景下,许多达到法规退休年龄的公务人员迟迟不愿退休,影响了当局人事的正常新陈代谢[②]。出于稳固政权的目的,国民党开始改善军公教待遇,但因财政拮据,当局决定以优惠银行存款利率的方式代替现金支付,即所谓"十八趴"。它的意思是军公教人员若将退休金存在台湾银行,可以享受特别优惠利息 18%。

1958 年,台湾当局对劳工、军人以及公务人员分别制定了相关法令,颁布了"劳工保险条例""陆海空军退除役官兵优惠储蓄办法"和"公务人员保险法",从法律上保障了一部分民众的年金。但这种按照职业分类的年金名目,造成了劳工没有劳保年金,而军公教可以按照存款的方式领取到每年 18% 的利息的不平衡局面。1995 年实施退抚新制度以后,新进的军公教人员不再享受 18% 存款利息的优惠,也就是说,"军公教 18 趴"只有 1995 年前参加工作的军公教群体才有资格享受。

---

① 石彦钧:《网络舆论对我国公共政策制定的影响研究》,华侨大学,2017 年。
② 李东海:《台湾军公教年金问题有多严重?》,观察者网,2016 年。

在台湾解严之前的威权时代，政治文化还是以阿尔蒙德所述"服从型"政治文化为主，公共舆论受到严厉的控制，因此本节将只对 1986 年政治革新之后的年金政策改革做分阶段的历史学回顾。由于解严之后的年金政策中，涉及改革的具体政策主要是覆盖 300 多万台湾民众的"国民年金"政策，和造成职业群体间抗议不公的军公教优惠存款利息政策等，所以本章中年金政策改革的历史回顾也以这些受影响主体庞大广泛、社会反响意义重大的年金政策为主，其他未涉及改革或只做细微调整的年金政策则不做概述。

Wong[①] 在比较台湾与韩国的福利政策一书中，将台湾的情形分为"威权发展主义、民主突破、民主深化"三个阶段，后学者施世骏（2010）使用 Wong 的分类方法，又加入政治学界对台湾政治历程的划分习惯，依据国民年金政策的研议过程将其区分为"民主突破""民主巩固"与"民主深化"三个阶段。Wong 在该过程中依据台湾福利政策的进程对民主化进行分段，施世骏依据台湾年金政策中"国民年金"的研议过程对民主化进行分段，但这两者都与本文的研究对象在范围和边界上有出入，且前面两位学者关注的都是国民年金政策的过程，在"国民年金"2008 年出台之后，对整个台湾年金改革议题做回顾梳理的学术文献非常少。因此本研究综合以上两位学者的基本划分标准，再根据整个台湾年金政策的改革进程，将台湾的民主化分为"民主突破与转型时期""民主巩固与深化时期""民主稳定发展时期"三个阶段，其中"民主稳定发展时期"的划分是为了对 2008 年之后的年金政策改革做出归纳总结。本章将分别梳理阐述这三个阶段台湾年金改革的主要历程。

1. 民主突破与转型时期 (1986—1996)

1986 年台湾政治革新之后，台湾舆论议题的禁忌全部开放，显示出台湾政治文化进入一个"民主化""自由化"的时代，此时政治文化的类型已经不再是阿尔蒙德归纳的服从型政治文化，而是向参与型政治文化转变（邹振东，2007）。所以在这一时期里，针对公共诉求，民众不再噤若寒蝉，而是表现出更大的参与度，民主的开放使得公共舆论进入政治系统更加通畅。

1992 年的台湾"立法委员"选举中，民进党苏焕智率先提出老人年金政见，并筹组"全国敬老年金促进会"。以台南县最高票当选"立法委员"后，律师出身的苏焕智又相继提出"国民年金法""老年福利津贴暂行条例""老农津贴条

---

① Wong J:《Healthy democracies: Welfare politics in Taiwan and South Korea》, Ithaca, NY: Cornell University Press, 2004，P8–10。

例"及"老年农民离农退休条例"等法案。在1993年的县市长选举中,民进党对"老人年金"的具体政见成为此次选举宣传的主要策略,国民党不得不被动地与民进党以抬价式的方式进行选票竞争①,有学者认为这次"老人年金"政见的提出成为了台湾选举中的首个"议题式选举","突破了之前的政党选举缺乏政见导向的局面"②。

1994年的台湾地方选举中,民进党候选人又对老年津贴提出类似的政见,再次当选。民进党的连连获利使得作为执政党的国民党开始意识到年金政见的重要性,于是国民党内部被动推出政策响应,成立了"国民年金制度研议小组",揭开了台湾养老金改革的序幕(施世骏,2010)。从这里可以看出,在台湾民主突破与转型的初期,公共政策会因为政党竞争而获得推力。

1995年台湾全民健康保险开办,政府出于财务负担的考虑,不愿意同时开办两个社会保险体系,决定将年金政策中的"国民年金"方案至少延后三年实施。虽然"国民年金"的开展受到延宕,但年金政策改革这一议题并没有退出政治舞台。1995年,"立法委员"苏焕智等人共同提出每月三千元的"老农津贴条款",最后促成"立法院""老农津贴条例"三读通过。李登辉在1995年5月31日颁发"老年农民福利津贴暂行条例",条例规定,年满65岁且投保农保满6个月的农民,每人每月可领3000元。对年金政策的这种不计社会后果只图选票的加码,使得1996年台湾第一次地区领导人直选时,李登辉从中尝到了操纵政策的甜头,顺利当选。

2. 民主巩固与深化时期(1996—2008)

1996年,台湾地区进行第一次地区领导人直选,李登辉当选。台湾民主化开始进入民主巩固的阶段。这一阶段,年金政策改革议题仍然以"国民年金"政策的推行和改革为主,台湾"行政院"和"立法院"继续就国民年金制度的出台协调方案,在1998年完成了"国民年金制度委托研究报告",采取社会保险制和"业务分立、内涵整合"的方案,"国民年金"制度终于将预计在2000年实施。但1999年台湾发生"九·二一大地震",当局全力投入救灾和复建工作,当局再次出于对财政负担的担忧,导致年金制度的施行继续延后。

2000年民进党上台,台湾开始进入政党轮替时期,这一阶段民主进入深化

---

① 吕建德,叶崇扬,张馨文:《台湾国民年金为何走向小整合体系?——一个历史制度论的分析》,《公共行政评论》,2013年,6(06):6—26。

② 谢清果,李淼:《台湾选举文化与媒体生态下的竞选文宣研究》,《东南传播》,2017(05):20—24。

阶段，政党的轮替带来了民主发展的稳定性。2000 年台湾地区领导人选举前，民进党已多次因将公共政策作为选战工具而尝到甜头，出于开拓票源的目的，将社会福利议题继续纳入了自己的选举策略。届时，陈水扁提出"65 岁以上老人每人每月 3000 元津贴""3 岁以下幼儿医疗免费"与"青年购屋贷款利率 3%"所组成的"三三三"福利方案来延续民进党一直以来的"福利津贴路线"。"行政院"也宣示"国民年金制度在 2001 年实施"。但很快民进党就展露了当初的政治许诺只是为了争取选票的动机。陈水扁就职数月后，就面临经济不景气、财政困难等处境，此时陈水扁忙于为自己当时的许诺解套，提出"优先发展经济，社福暂缓"的政策走向①，马上放下了对国民年金的规划。而对这些经济社会现状的考虑应早早于政治许诺之前考量，民进党在在野时期并没有对"国民年金"议题提出一个完整规划，但却在 2000 年执政后，多次宣示要开办"国民年金"，后来的多次变更更加印证了，民进党在对公共政策的"加码"过程中，急于追求选票而没有顾全台湾真实的社会民情。

年金政策议题一到选举的时候便出现，却在政党执政后迟迟不能实施。一方面政党可以操作津贴政策直接影响选票，一方面政党又会因为政治利益与经济现状放弃了对更合理的公共政策的规划。2002 年"国民年金"制度取得朝野两党的共识，开办渐见曙光。根据台湾"行政院"研考员会于 2003 年所做的民调显示，高达 60% 的民众赞成当局开办"国民年金保险"。但令人惋惜的是，2002 年迎来"立法委员"的改选使得民进党又急于在改选之前推出"敬老福利生活津贴"。2003 年，陈水扁为了竞选连任，"老年农民福利津贴"由 3000 元新台币调高为 4000 元新台币，之后又拆东墙补西墙地"挪用公益彩券移作国民年金基金之 45% 的盈余"，这些举措使得台湾年金政策中的"国民年金"制度不能顺利开办。

民进党的这些做法不仅使得"国民年金"迟迟无法上路，其许诺的津贴又加重了政府的财政耗费，这些都是为了在选举中能让同党人士占得更多席位。同时由于制度的不健全和职业分立的福利差异，受益者不想放弃既得利益，未受益者认为世代不正义、阶层不平等，造成了台湾社会受不同年金待遇的族群间的文化认同差异。2005 年"行政院"再度通过"国民年金法"草案，历时两年"行政院"和"立法院"相继三读通过，2008 年 10 月"国民年金"制度开

---

① 古允文：《让社会福利回归制度》，《中央日报》，2011 年 11 月 27 日。

始施行。这一阶段中,备受瞩目的"国民年金"制度虽然出台,但纷繁复杂的台湾年金政策却不止涵盖这一个方面,对该政策中其他议题的争议仍然存在。

首先是劳工保险的老年给付没有年金化;其次是"国民年金"体系将农民纳入保障人口之列,实际上对农民而言是一种变相的福利削减,便造成了农民群体的不满。从中可以看出,不合理的公共政策输出不仅造成了群体利益分配的强烈不平等,最终还导致了台湾社会"缴得少,领得多"、财政开支不断加大的财政困局。

2000年台湾政党轮替之后,台湾的民主化程度越来越高,但是这种两党轮替的选举政治带来的弊病就是"改变了中国台湾政策制定的环境脉络,提高政策调控的难度"。学者邹振东在研究中对台湾舆论议题的解读中表示,从台湾议题的放纵中可以看出,台湾的政治文化从"民族主义"加"威权主义"的政治文化,经由一系列转型,发展到了民粹主义加"族群主义"的政治文化。"民粹主义"声称代表民众利益,但在陈水扁时代,这种"民粹主义"已经在政客手中成了操弄民众情绪的工具。从这一时间段中民进党对年金政策改革议题的操纵中也能深刻感受到这一点。

3.民主稳定发展时期(2008—2016)

这一阶段,台湾的政党轮替带来了民主的稳定发展,但台湾年金政策依然是政党间为竞争选票所关注的焦点。尽管"国民年金"作为其中一种制度最终出台实施,但年金政策的改革依然因为涉及群体多元而面临许多困难。在台湾民主稳定发展的这一时段中有三个选举年,分别是2008、2012和2016。其中马英九连任两届,蔡英文在2016年当选。

2008年台湾"大选"即将来临时,在老农津贴的问题上,民进党又故技重演。在陈水扁的推动和部分蓝营"立委"的配合下,2007年8月8日,"暂行条例"第六次修正。随着选战升温,老农津贴增加到6000元。除此之外,民进党由于上届政绩不佳处于相对劣势,造势表示如果国民党执政,将取消国民年金与老农年金,针对这一盆"脏水"马英九表示将来执政后,不仅不会取消老农年金,如果财政充裕,还会设法增加。这一次,民进党的"津贴路线"没能让其走上执政地位。同年,针对台湾300多万没有任何社会保险的民众施行的"国民年金"制度正式实施,标志着台湾建立起覆盖全民的养老保险制度。它包括军人、公务员和教师养老保险(通常被称为军公教养老保险),劳工养老保险、"国民年金"制度及农民津贴。尽管如此,看似完备的台湾年金政策却呈现出职业分立、碎片化的特征。各个保障群体间的年金政策自成体系，具有不同的缴费及待遇计发方式，加之先前历史遗留的问题，军公教养老保险与劳工等其他养老保险的待遇差距不断扩大。

在 2012 年台湾"大选"以及之后的改革中，年金政策中改革呼声最高的不再是"老农津贴"，而是军公教群体的福利削减。2013 年，台湾传出劳保基金可能破产的新闻，民进党"立委"以"公平正义"为口号提出要削减军公教福利。这时年改的主战场便转到了军公教身上来。在马英九当局主导下，国民党 2013 年大幅削减军公教的年终慰问金，除收入低于 2 万新台币以下及因公致残的本人及家属外，其余都不予保留。彼时民进党"立法院党团"还对这种没有完全一刀切的情况颇有微词，认为应该全部取消，讽刺的是 2016 年民进党自己执政后却立马核准军公教的年终慰问金，在军公教示意游行前进行抚慰，由此可见，政党在执政与在野时期对同一政策的态度都有可能出现截然相反的做法，这一切都以政党本身的利益为转移。

2014 年的地方县市长选举中，国民党在"深蓝"地区投票率低，这让国民党深刻认识到了选举危机，当局将军公教群体的年终慰问金的发放门槛由 2 万放宽到 2.5 万，然而在 2016 年的选举中仍然落败。可以知晓的是，尽管军公教群体的福利待遇在台湾社会现状下确有不公，但改革是非常困难的，因为一旦损害该族群的利益，政党就面临着失去选票的高风险。

在 2016 年的台湾"大选"中，国民党、民进党都未提及十分具体的年改政见。国民党候选人朱立伦表示军公教群体的改革不应溯及既往，也就是说不考虑将 1995 年以前的优利存款取消。民进党在"大选"前一直对台湾年金改革带来的"世代不正义"以及军公教福利造成的阶级对立造势，蔡英文上台之后果然将军公教群体作为年改的重中之重。蔡英文在年金改革会议之前，先决定了"溯及既往、无关信赖保护"原则，年金改革会议之中，军公教群体更是成为众矢之的，背上了"米虫、肥猫、既得利益者、反改革"族群的污名，直接引发军公教以及劳工群体在 2016 年台湾"九三军人节"当天的十万民众大游行。期间，台"行政院"人员在游行前夕表示，已经核定 2016 年的退休军公教年终慰问金发给对象，维持与去年一样发放标准，没有任何变更，安抚之意明显。

在 2008—2016 年这个时间段中，台湾政党的轮替使得民主化进程较为稳定推进，但舆论议题展现出来的蓝与绿的阵营、军公教与非军公教群体的阵营，都体现了一种非此即彼的对立选择。舆论议题这种二元对立的结构表现昭示着

"台湾舆论议题从多元化往多元并存的两极化方向发展，正是台湾政治文化向
'族群主义'政治文化的转型在舆论中的反应"。

综上所述，本章节梳理了年金政策改革的三十余年历史，历史回顾发现，
每到选举，政党就会利用公共政策的福利受益范围来影响选民投票。从台湾碎
片化的年金政策一直以来的发展脉络可以看出，政党出于选票目的对公共政策
的操纵是导致政治文化背景下输入与输出环节之间出现阻塞的主要原因。政党
为了政治利益要么直接操纵公共政策，要么通过对公共政策进行政治许诺的方
式来制造舆论赢取选票，前者直接导致财政的不可持续性和族群间待遇不公，
后者则是以空头支票的方式，使得真正急需解决的公共问题悬而未决，对症下
药的政策又难以出台。以年金政策改革为例，政党一方面使得出台了的年金政
策与台湾社会民情不相匹配；一方面又使得真正适合改善民生的有利政策受到
财政的压力延宕推迟。

第三节　年金改革议题在台湾网络舆论场的传播

上节总结出了年金改革在时间节点出现的一些基本特征，即逢台湾选举，
年金改革议题就出现。本节将继续具体观察选举年中的年改议题的传播概况，
以台湾"大选"选举年2015年为研究范围，对2015年台湾年金改革议题在台
湾网络舆论场中的传播进行分析。本章将从大数据的视角来观察2015年台湾年
金改革议题在台湾舆论场的传播，了解年改议题在内容与趋势上的基本传播概
况，重点关注在公共舆论到公共政策的输出过程中，政党是如何发挥作用的。
本章研究中根据研究假设中对不同需求流的定义，将此次议题在舆论场中的需
求分为两种，一种是诉求性需求，指为了实现群体既得利益的中短期需求，如
年金政策改革中要求提升劳保基金报酬率等直接与金钱收益挂钩的需求；一种
为认同性需求，指为了文化认同的共建提出的需求，如阶层、世代、族群之间
冲突的调和。

2015年是2016台湾"大选"的关键一年，政治人物集中在这一年中进行
政见游说，为政党选举争取选票。通过大数据抓取的资料显示，2015年7—12
月这一时间段中年金改革议题的网络讨论处于白热化时期，故本章选取该时间
段为研究范围，先介绍2015年台湾年金政策改革在台湾舆论场中的传播概况，
再介绍台湾两大主要执政党——国民党和民进党关于年金改革议题的传播概况，

从具体的案例传播中分析公共舆论与公共政策的互动。

本研究的大数据来源以台湾 i-Buzz 数据系统[①]为基础，i-Buzz 数据系统资料搜集来源包括跨亚洲共 24,100 个频道网站，涵盖超过 255 个产业，累积近 3,458 个知名品牌资料。本研究的口碑数据统计时间为 2015 年 7 月 1 日至 12 月 31 日，检索数据库的关键词与搜寻语法如下：

关键字：年金改革；国民党；民进党

关键字搜寻语法；年金 /2n[②]/ 改革 + 年金 /2/ 不改 + 年金要不要改；国民党 & 年金改革；民进党 & 年金改革

网络舆情检测范围包括六大来源：论坛 (含 PTT)、新闻网站、专栏文章、部落格、问答网站、Facebook 社群。本次大数据搜索中设置新闻网站 81 个、专栏 13 个、论坛 107 个 、部落格 4 个、问答网站 5 个共 264 个频道进行口碑数据统计，共有 85,534 笔口碑数。

本研究参考 i-Buzz 系统，就相关概念定义如下：

口碑数：Word-of-mouse 是针对品牌、产品信息或是特定主题提供自身经验、意见与相关知识的分享与讨论。i-Buzz 定义口碑数之的计算方式是，在数据统计范围内，各频道之发文及留言数相加。口碑数也可以称作声量。

标题数：i-Buzz 定义一篇具有独立网址的文章计为一个标题，以 PTT 论坛为例，对同一文章回帖的标题文字虽相同，但因产生的网址不同，则视为不同的标题。比如对 A 议题有 5 篇回帖，这 5 篇回帖虽然显示的方式都是 "Re:A"，实则完全不同内容，故将这 5 篇文章视为 5 个标题。

回应数：i-Buzz 定义为文章下方网友的留言。一则网友留言计为一笔回应。若一篇文章下有十则网友留言，则回应数计为 10。

平均响应数：在监测时间内，平均每篇文章可获得之网友留言数。

热门话题：话题等同帖子，i-Buzz 定义为拥有独立网址及内容的文章。为了不产生歧义，i-Buzz 定义中的 "话题" 在文中均表达为热门帖或者帖子。

（一）年金改革议题的传播概况

1. 2014 年与 2015 年年金改革议题声量趋势比较

基于 i-Buzz 系统提供的原始数据资料，笔者整合后制作出 2014 年和 2015 年

---

① 　资料来源：i-Buzz 网路口碑研究中心，年金改革议题口碑资料库，2015 年。

② 　2n 是 i-Buzz 的一种语法逻辑，表示 "年金改革" 关键词中间可以有两个字之的插入，也可以没有，这样确保尽可能多地涵盖到所有年金改革在台湾舆论场的抓取。

关于年金改革议题的网络讨论声量趋势图与按月份排列的每年度口碑量。2016年1月16日，台湾地区领导人选举投票，并于当天公示结果。本节通过比较"大选"年之前的年份对年金改革议题的讨论声量来选择研究对象的时间段范围。通过年度之间的宏观观察，一是可以为之后内容分析的样本选择锁定范围，二是可以通过对比双年度的声量看出2015年作为选举年是否在年金改革议题上依然具有特殊性，验证之前"一选举年金改革议题就开始活跃"的研究结果。

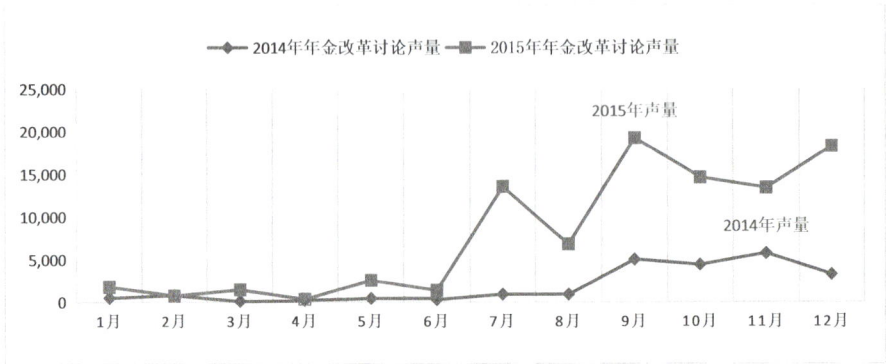

图4-4：2014年与2015年双年声量趋势比较

资料来源：i-Buzz网络口碑研究中心，年金改革议题口碑资料库，2015年

如图4-4所示，从2014年与2015年双年声量趋势比较可见，2014年关于年金改革的讨论声量是远远不及2015年的。且这两年中年金改革议题讨论趋势皆在2014年与2015后半年增加。通过对原始数据和特殊时间段的筛选甄别可以发现，2014年网友聚焦在军公教的年末慰问金增加，以及11月份在"九合一"选举国民党惨败后，政治评论人唐湘龙发表的文章引起的争议上，另外PTT最火的八卦版亦有台湾老人年金金额发放的讨论。

而2016台湾地区领导人选举的关键年就是2015年，2016"大选"投票为1月16日，因此2015年下半年是执政党和在野党密集争取舆论声援和选票的时机，年金改革的讨论声量更是从7月开始突飞猛进。从2015年的声量趋势中我们可以看出，2015年1—4月，议题一直潜伏，讨论量很低，5月有一个较小的讨论波峰，从6月中旬开始，年改议题的讨论声量有了质的变化。从图4-1可以看出，7月出现了下半年第一个声量高峰。根据表4-1的数据可知，7月关于年金改革议题的声量首次突破10,000的高峰，与2015年前半年的数据相比，7月关于年改议题的声量甚至超过了2015年前半年的总和。根据原始抓取的数据分析，7 月的讨论高潮来源于媒体报道台湾军公教年金可能步希腊后尘，将拖垮财政，继而舆论场的焦点讨论皆聚焦在军公教族群的年金正当性。随后舆论声量又在 8—11 月中形成更高的波峰。9 月份，台湾"财政部长"张盛和透露妻子退休后，每月"不做事领的比做事多"，激起了年金改革政策最高的讨论量，关于军公教 18% 的优惠存款利息的不满舆论持续发酵。10 月份，台湾媒体相继爆出台湾财政每年的公务员退休支出逾 800 亿，引起了关于劳工和公务员福利差异的讨论。

公共舆论的白热化随着选举的临近越来越激烈，2015 年 12 月 30 日，在台湾地区领导人选举的第二场政见发表会上，蔡英文和朱立伦作为民进党和国民党的候选人均针对年金改革议题提出了看法，致使这一公共政策的讨论继续走高。由表 4-1 的双年度比较也可看出，相较 2014 年，2015 年的月份声量比较基数较大，7 月份声量数有了质的变化，相比前一个月甚至有十倍级的讨论数量差异，其中有相当的可能是有团队在配合选战操作舆论议题。2015 年台湾年金改革议题在临近选举的半年里形成多个波峰，趋势起伏较大，并在 2015 年末呈现的是持续上升的状态，因为持续到 2016 年 1 月中旬台湾"大选"结束，该舆论议题依然持续保持高讨论声量。

表 4-1：2014 年与 2015 年月份声量比较

月份 声量	1月	2月	3月	4月	5月	6月	7月	8月	9月	10月	11月	12月	总计
2014 年 讨论声量	471	774	83	177	412	259	887	874	4989	4358	5715	3237	22236
2015 年 讨论声量	1764	714	1426	306	2525	1363	13487	6766	19192	14543	13339	18207	93632

资料来源：i-Buzz 网络口碑研究中心，年金改革议题口碑资料库，2015 年

2. 2015 年下半年年金改革议题 Top10 热门话题

从 i-Buzz 提供的全年数据比对中，本研究截取了讨论声量最为集中的 7—12 月的口碑数为研究重点，以热门帖的回应数高低为筛选标准，呈现 2015 年下半年最热门的十大话题，窥见最具有争议和讨论量的议题主要为哪些。根据表 4-2 可以看出，来自 Facebook 新闻粉丝专页的热门话题数最多，话题内容绝大多数都与军公教群体的年金议题有关，多数讨论偏向军公教获得的福利较好，

仅话题 2 为列举劳工与公务员的待遇比较。

热门话题 1、4、5、9 中，网友们在意军公教族群退休后的收入比工作时更多，认为该群体的年金制度不合理；热门话题 3、8、10 中，网友则侧重年金负担可能会拖累财政的讨论。从诉求性需求和认同性需求的定义划分来看，回应数最高的十大话题当中认同性需求的占比更多，并强调族群与世代间的差异。

表 4-2：2015 年 7—12 月年金改革议题 Top10 热门话题

编号	网站类型	发文时间	话题	回应数	涉及族群	来源频道
1	Facebook	2015/9/24	「我什么都没做，政府就多给我 300 多万元退休金，这样合理吗？」说话的是陈先生，劳工身分的他今年 55 岁…	626	劳工/军公教	Yahool 奇摩新闻_粉丝团
2	论坛	2015/10/8	[新闻] 我们被污名！公务员：劳工福利比较好	559	军公教	PTT-Gossiping
3	Facebook	2015/9/19	【今日希腊 明日台湾】希腊还有欧盟老大哥帮忙，反观台湾…#YahoolVoice#Y 域	554	军公教	Yahool 奇摩新闻_粉丝团
4	Facebook	2015/9/14	财长自爆老婆月薪 64K，退休后反而月领 68K# 年金改革 # 公务员 # 退休金 # 张盘和	469	军公教	Yahool 奇摩新闻_粉丝团
5	Facebook	2015/9/6	【年金改革】妻子在"国中"任教薪水 64K，退休后却能领…# 退休 # 年金改革 # 公务员 # 张盛和…	425	军公教	Yahool 奇摩新闻_粉丝团
6	Facebook	2015/12/8	错过最好的时机、年金改革不能再拖了 # 年金改革 # 经济发展 # 青年对谈 # 朱立伦 # 宋楚瑜 # 陈…	392	未提及特定族群	Yahool 奇摩新闻_粉丝团
7	Facebook	2015/9/21	「见天不做，明天会后悔」马英九"总统"大力推行年金改革，但至今仍无具体成效，年轻人们，别以为年金改革跟你…	384	军公教	Yahool 奇摩新闻_粉丝团
8	论坛	2015/7/13	[新闻] 洪秀柱：台湾不是希腊！高雄市平均每人负	351	军公教	PTT-Gossiping
9	Facebook	2015/10/23	看到 22K 供养「周休 7 日月领 7 万」，沉重了好久…"这样要我怎么教小孩"？？	350	军公教	自由时报_粉丝团

编号	网站类型	发文时间	话题	回应数	涉及族群	来源频道
10	Facebook	2015/10/23	18趴年吸"国库"800亿每人分担3500元＃快马加编："国家"财政困窘·不管是年金或18趴·盼皆能获得…	336	军公教	东森新闻

资料来源：i-Buzz网络口碑研究中心，年金改革议题口碑资料库，2015年

3. 2015年下半年年金改革议题口碑总量与趋势

2015年7—12月这半年中的口碑总数为85,534笔，占2014和2015年总口碑数的74%，具有典型代表性。

年金改革相关讨论各月皆有，在标题数上没有相当大的波动，但因12月要举行台湾地区最高领导人选举见面会，相关独立报道会比以往多。而图4-5中，回应数和平均回应数的走势和总量是非常值得注意的指标。从回应数上来看，7月出现的希腊财政与台湾年金制度对照的议题，引起大众关注，但该议题只是激起了台湾民众的短暂恐慌，所以很快在8月偃旗息鼓，生命周期并不长；但9月，财政官员具体举出军公教退休后的薪水金额数字差距，真实案例让网友更有感，改革的诉求也更加的强烈，因此在回应数和平均回应数上达到了舆论互动和讨论的高峰，期间也更针对军公教族群。这其中不乏军公教群体的代表自爆自己"没尊严"领如此高额的退休金，也有一些军公教开始组织起来反舆论的污名。在这一阶段中，舆论议题的需求类型从诉求性需求为主导渐渐变为认同性需求占上风，非军公教群体对军公教群体的"污名"和"讨伐"，也带来了军公教群体自身对舆论和对政府的不满，改革的诉求开始出现严重的分离。

10月份，媒体追踪报道称台湾财政中每年的公务员退休支出逾800亿台币，引起劳工和公务员福利差异的讨论。12月为第二口碑高峰，因"大选"将至，各党候选人皆针对年金改革议题提出看法，媒体报道因此增加，网友响应也较聚焦在候选人的发言内容。针对蔡英文宣示就任后一年内推动年金改革，朱立伦质疑：

先前民进党候选人陈建仁在参加青年论坛时说，要花四到五年时间开"国是"会议凝聚共识，我想，这是大家不能接受的，"如果要花四到五年开国是会议，我相信，大家看不到我们年金改革的未来。"

此外，蔡英文也不忘痛批朱立伦，指出他的年金改革政策就是不改，认为自己不会以选票为目的，会循序渐进地改革，台湾不能因为改革年金造成社

会分裂，自己将在半年后进行修法。蔡英文还强调：

民进党改革是针对制度，而非单一族群，我在这里向军公教的所有人宣告，你们不是改革的对象，而是改革的伙伴。

由于 10—12 月份的聚焦基本在财政负担的讨论和关注竞选人发言内容上，这一时段中年改议题的平均响应数明显降低。经过前几个月的讨论，大众对于"军公教年金必须改革"已有共识，只是问题在于该如何改革。

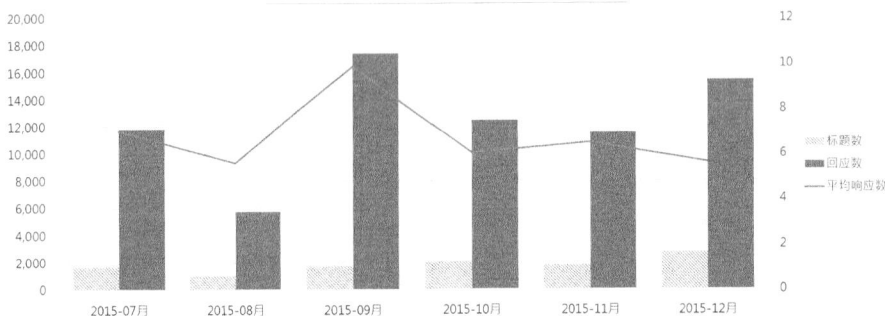

图 4-5：2015 年 7—12 月年金改革议题口碑总量与趋势

资料来源：i-Buzz 网络口碑研究中心，年金改革议题口碑资料库，2015 年

对比起 9 月因为军公教群体引起的认同性的舆论高潮，从表 4-3 中可以得知，在平均回应数上，12 月份的公共舆论反应激烈度缓和了许多，5.65 的平均回应数相比起 9 月份的 9.88，相差几乎一倍，虽然在图 4-5 中 12 月的声量同样可观，但深入分析舆论的特点可以得知，认同性舆论与诉求性舆论在舆论场的影响力具有质的差别。

表 4-3：2015 年 7—12 月年金改革议题口碑量

月份 指标	2015-07 月	2015-08 月	2015-09 月	2015-10 月	2015-11 月	2015-12 月	总计
标题数	1682	1026	1764	2063	1777	2737	11049
回应数	11805	5740	17428	12480	11562	15470	74485
平均响应数	7.02	5.59	9.88	6.05	6.51	5.65	7

资料来源：i-Buzz 网络口碑研究中心，年金改革议题口碑资料库，2015 年

4. 2015年下半年年金改革议题声量来源

本次议题中网友讨论集中在论坛(66%)及Facebook(22%)，其次是新闻(12%)，部落格、问答网站及专栏因口碑数较少，三者占比皆为0%，可忽略不计。

从表4-4中可以得知，议题声量的六大来源中，论坛的文章响应状况最佳，平均单篇文章能获得20则回应，其次是Facebook与问答网站，相比起来部落格、问答网站和专栏可以忽略不计。表4-5呈现的是三大来源类型中最热门活跃的网络区块，因此得知本次事件中哪些来源才是公共舆论的"主战场"。论坛中，仍以PTT入榜数最多，并以八卦版(PTT_ Gossiping)及政黑版(PTT_ Hate Politics)的声量总数排名第一与第二名。在台湾，PTT的地位类似于大陆的贴吧和天涯，它拥有超过2万个不同主题的看板，每日超过2万篇新文章及50万则推文被发表，是台湾使用人次最多的网络论坛之一。研究台湾的公共舆论，PTT和Facebook是值得重点关注的场域。

表4-4：六大议题口碑数来源概况

类型	口碑数	标题数	回应数	平均响应数
论坛	55919	2658	53261	20.1
Facebook	19103	1916	17187	8.9
新闻	10125	6170	3955	0.5
部落格	232	226	6	0
问答网站	125	52	73	1.1
专栏	30	27	3	0.1

资料来源：i-Buzz网络口碑研究中心，年金改革议题口碑资料库，2015年

从表4-5可以看出，热门Facebook频道皆为新闻媒体经营的粉丝专页，以奇摩新闻作为入口网站，汇聚各家新闻报道的数量最大，其次是自由时报（绿营）及中时电子报（蓝营）的粉丝专页。在新闻频道的口碑数只是日常可以看到的媒体报道，PTT和Facebook作为台湾民意最集中、使用程度最高的社交网络平台，两者的口碑数相比传统媒体在台湾舆论场更加有影响力。

表 4-5：论坛、Facebook、新闻 TOP5 口碑数来源

论坛	口碑数	Facebook	口碑数	新闻	口碑数
PTT_ Gossiping	64362	Yahoo! 奇摩新闻_粉丝团	8723	壹苹果网络新闻	2391
PTT_ Hate Politics	10056	自由时报_粉丝团	3060	YAHOO!奇摩新闻	1402
伊莉论坛_时事经济	3901	中时电子报_粉丝团	1004	东森新闻	1259
Mobile01_生活娱乐讨论区	2979	ET today 东森新闻云_粉丝团	998	三立新闻	1205
PTT_ Women Talk	1800	苹果日报实时新闻_粉丝团	861	苹果日报	1041

资料来源：i-Buzz 网络口碑研究中心，年金改革议题口碑资料库，2015 年

综上所述，从台湾年金改革议题在台湾舆论场的传播概况中可以看出，年改议题的最热门话题中，认同性需求占大多数，尤其是对职业类别差异造成了世代、阶层间不公平现象表达的不满。舆论声量与互动数在九月达到最高峰，且声量来源主要活跃在论坛、Facebook 两大社交网络平台。年金改革议题在台湾舆论场的基本情况便于全面了解该议题在舆论场的背景，有利于后文对热门帖进行内容编码分析的侧重。

（二）国民党和民进党年金改革政见的传播概况

舆论的主体具有多元性（邹振东，2007），鉴于前文的研究结果发现，政党的作用使得"舆论—政策—环境"的良性循环受到干扰，因此本小节选择政党作为舆论主体进行研究。台湾虽然政党林立，但目前只有国民党、民进党两党有能力执政，所以本小节只对国民党和民进党为主体的舆论进行分析。

i-Buzz 社群网络研究中心以文章发言主体为筛选标准，对 2015 年下半年的年金改革议题的口碑数进行筛选，当文章标题或发文内容出现"xxx(人名) 表示"、"xxx(人名) 指出"、"xxx(人名) 认为"、"xxx(人名):"时，便以 xxx(人名) 所属之身分、政党作为依据，筛选出全部数据条目。

1. 国民党和民进党关于年金改革议题的声量趋势

由于年金政策一直以来的积弊，不合理的年金制度始终因为选票原因未得到改革，不仅造成不同职业群体间一定的对立和分裂，也使得台湾的财政开始出现严重危机。2015 年下半年，台湾"大选"在即，国民党与民进党作为舆论

主体如何传播与互动？根据图 4-6 的声量概况可知，国民党和民进党与年金改革讨论的占比分别为 61% 及 39%，国民党对该议题的参与度要明显活跃于民进党，主要差距体现在 9 月、11 月及 12 月的声量累积。

国民党在下半年中的 7 月、9 月、11 月和 12 月都有出现舆论高点，根据对原始文本数据的筛选可知对应的热点话题分别为："洪秀柱表示台湾不是希腊""财政部长自曝妻子退休领更多"，以及朱立伦和王如玄分别关于世代正义和劳保年金的政见发表。相比之下民进党的发声平缓很多，几乎没有高潮。相比国民党为舆论主体的讨论趋势，民进党显得不那么在意对年改议题的造势。由对原始文本的研究可知，国民党对年金改革的讨论量更大，讨论趋势欺负更大是因为，对彼时作为执政党的国民党来说，一是有关台湾年金制度及改革的相关发言被网民放大检视了许多，认为现今制度不当来自执政党过去的政策错误；二是国民党想通过发声来维护自己政绩并拉取劳工选票。相比之下民进党彼时为在野党，在该议题上完全可以只防不攻，因为民众对这一届政府的不满将会使得民进党坐收渔翁之利。

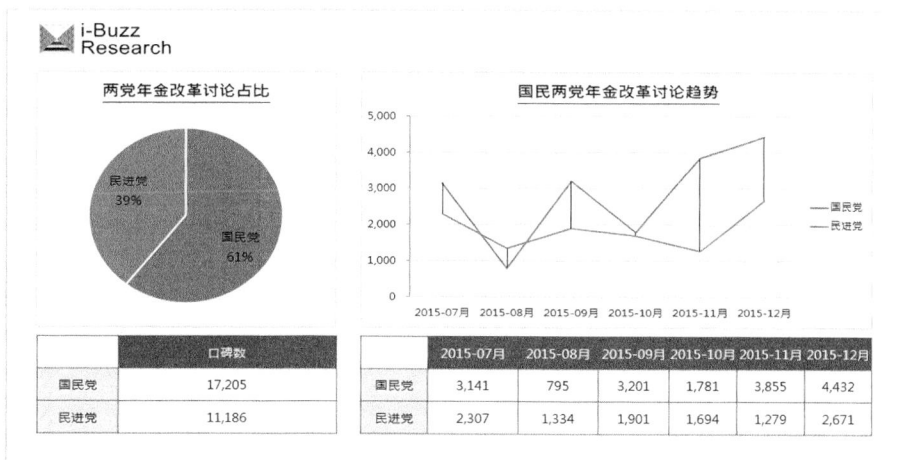

图 4-6：2015 年 7—12 月国民党、民进党的关于年金改革议题的讨论概况

资料来源：i-Buzz 网络口碑研究中心，年金改革议题口碑资料库，2015 年

2. 国民党和民进党关于年金改革议题的关键词排名

i-Buzz 社群研究中心通过关键字的词语出现频率，对国民党和民进党回应数排名前 50 的网帖文章进行文本词频统计，出现频率最高的词语将出现在关键词云图中。在 2015 年下半年台湾年金改革议题中，根据表 4-6 可知，国民党关

于年金改革议题的讨论突出了劳保年金、劳工、慰问金等；民进党的相关讨论中则更突出财政纪律、老人年金、阶级斗争等，且明确提出"废除18%"。

表 4-6: 国民党和民进党年金改革议题关键词云

民进党 TOP10	国民党 TOP10
财政纪律	劳保年金
改革	劳工
老人年金	保险年金
阶级斗争	慰问金
破产	破产
加税	不顾、不提年金改革
债留子孙	阶级斗争
打脸	正义
年金保险	退休金
废除18%	退休

资料来源：i-Buzz 网络口碑研究中心，年金改革议题口碑资料库，2015 年

若以关键词排行，排除"年金改革、年金、年金制度、国民党、民进党、DPP、KMT、绿营"等名词，之后再撷取前十名来看，发现民进党的关键词围绕"需重新整治财政纪律"、"担心国家财政破产"、"废除公务员18%"的退休俸福利、避免"债留子孙"等。从"废除18 趴"和"债留子孙"、"打脸"等关键词的出现可以知晓，民进党的舆论议题涉及军公教群体和世代正义这两个主要内容，而在当时的舆论场中，军公教群体不平等待遇所带来的阶层不公和民众对于世代不公平的质疑，都是最易挑起关注的话题。

事实上，民进党在之后的年金改革中也确实是这样做的。蔡英文 2016 年上台后，在召开年金改革会议之前，就表明对军公教的改革要"溯及既往、无关信赖保护原则。"年金改革会议中，各个团体在批判军公教方面达成一致，更有一些政治名嘴给军公教打上"米虫、肥猫、既得利益者、反改革"族群的标签，此时便不难看出，蔡英文年金改革的重点就是国民党的铁票仓军公教群体，也因此激起了军公教集体的大游行。2016 年 9 月 3 日，台湾"军人节"，监督年金改革行动联盟发起"反污名，要尊严"抗议活动，拟号召 10 万台湾军公教劳

民众上凯达格兰大道（台北市的集会游行举办时选择的重要集结点）进行游行。

相比之下，国民党则扮演着"熄火"的作用，一直解构世代不正义的说法，并提出不要进行阶级斗争，试图化解认同性舆论给自身带来的冲击。国民党还积极强调劳工年金为劳工群体的生活保障带来的好处，为自己以往的政绩辩护。

3. 国民党和民进党关于年金改革议题的热门话题分析

以回应数为排序依据，本小节从原始数据中筛选出来回应数最高的前 100 篇帖子（国民党、民进党各 50 篇），对国民党与民进党的十大热门话题进行分析。

i-Buzz
Research

编号	网站类型	发文时间	话题	回应数	发言主题	来源频道
1	论坛	2015/7/13	[新闻] 洪秀柱:台湾不是希腊！高雄市平均每人负债	351	捍卫自身	PTT_Gossiping
2	论坛	2015/12/8	[新闻] 朱立伦:某政党长期污名化公务员 制造对立	165	评论他党	PTT_Gossiping
3	论坛	2015/7/19	[新闻] 马英九：执政没有对不起台湾	144	捍卫自身	PTT_Gossiping
4	论坛	2015/12/15	[新闻] 王如玄：劳保年金让台湾多出70万孝子	135	捍卫自身	PTT_Gossiping
5	论坛	2015/11/29	[新闻] 王如玄：国民党已发3千多亿劳保年金 比	97	捍卫自身	PTT_Gossiping
6	论坛	2015/7/13	[新闻] 洪秀柱:台湾不是希腊！高雄市平均每人负	90	捍卫自身	PTT_HatePolitics
7	论坛	2015/10/1	[新闻] 洪秀柱：年金不能大官不改 专改小吏	69	政见发表	PTT_Gossiping
8	论坛	2015/10/1	[新闻]"考试院"：年金若不改革必然破产	55	"国家"财政	PTT_Gossiping
9	论坛	2015/12/21	[新闻] 宣扬劳保政绩 王如玄：台湾多了70万孝子	50	捍卫自身	PTT_Gossiping
10	论坛	2015/10/19	[新闻] 搁置年金改革法案两年 国民党今反批民进	38	评论他党	PTT_Gossiping

图 4-7：以国民党为舆论主体的十大最活跃话题

资料来源：i-Buzz 网络口碑研究中心，年金改革议题口碑资料库，2015 年

从图 4-7 可知，以国民党为舆论主体的热门话题来源均为 PTT 的八卦版 (PTT_ Gossiping) 及政黑版 (PTT_ Hate Politics)。11—12 月份选举候选人王如玄针对劳保年金发言事件的相关帖子入榜数最多，其次是 7 月洪秀柱回应台湾不会像希腊一样破产的话题。发言主题半数在捍卫自身过去的政绩，其次是评论民进党以年金议题制造社会阶级对立。此外，国民党自身的政见发表与评论国家财政各进榜一篇。在临近选举的 11—12 月份中，台湾地区领导人候选人朱立伦和王如玄的政见发表使得国民党在舆论场上十分活跃。朱立伦在"青年对谈"受访时针对年金改革指出"年金改革须重信赖保护，不溯及既往"造成了高的讨论声量。朱立伦表示，年金改革不应制造世代或行业对立，须注重信赖保护原则，改革时也不应追溯既往。他批评道："某些政党跟政治人物长期污名化军

公教，进而造成社会对立。"朱立伦说，污名化公务员、贬抑公务员为支持某特定政党，或说公务员受某特定政党照顾是绝无此事。如果全体公务员被污名化，或认为是世代或行业不正义，对公务员是非常大的污辱，并承诺自己当选后会立刻面对军公教与劳工的保险及退抚问题，也要讲清楚说明白总额制度观念的建立。

国民党候选人王如玄针对劳保年金的发言也引起了舆论的广泛关注。王如玄表示，国民党执政时从 2019 年开始施行劳保年金，已有 70 万人提出申请，已发出三千六百多亿元，比生个儿子还孝顺，反观民进党执政 8 年，选举前才调整一次基本工资，但国民党执政 8 年调整五次基本工资，打工族时薪从 95 元调到 120 元，月薪 17280 调整到 20008 元，国民党更照顾劳工朋友。

由于在前一届的执政中，关于年金政策造成的不公已经成为最大的社会焦点，这些现象已经使得国民党失去民心。从国民党的政见发言和活跃话题中可以看出，国民党始终维护军公教、劳工群体的利益，而越这样做就可能越在群情激奋下产生选票的危机，导致非军公教民众舆论的反弹。

除了讨好劳工群体，用"比养儿子还孝顺"的感情牌方式争取选票，国民党在舆论场中主动的次数并不多，更多时候是在成为众矢之的后进行被动回应。比如 7 月份洪秀柱关于"台湾不是希腊"的发声，是对蔡英文借希腊对台湾年金改革的批评的回应。洪秀柱条分缕析地从经济角度来解释"台湾不是希腊"：

2014 年台湾 GDP 成长率为 3.77%，希腊只有 0.8%；2015 年 3 月，台湾的失业率是 3.72%，希腊则高达 25.6%；台湾的民间储蓄率为 31.6% 比希腊的 11.3% 高；台湾的外汇存底有 4100 多亿美元，希腊只有 62.4 亿美元。此外，希腊最大的问题在于进入欧元区之后，欠下了巨额"外债"而非蔡主席所误解的"国债"，2012 年台湾的国债占 GDP 的 35.9%，同期希腊债务是占其 GDP 的 159.9%。

但实际蔡英文已经借希腊问题将年金政策以往累积的财政问题转换成了"债留子孙"的世代不公问题，尽管洪秀柱自己也指出了这一点"阴谋论"，时下的国民党并无法脱身这种指责。在 2016 台湾"大选"中，根据 2015 年下半年国民党对年金议题的讨论来看，由于财政危机的逼近，国民党没有出现对政策加码的许诺，通过对过往政绩辩护为反击方式，在舆论场显得十分被动。

编号	网站类型	发文时间	话题	回应数	发言主题	来源频道
1	FaceBook	2015/9/13	希望小英说到做到，所有人民都会认真监督妳！?? #蔡英文 #2016年"总统大选" #民进党	323	政见发表	自由时报_粉丝团
2	论坛	2015/7/12	[新闻] 领18%骂18% 蔡英文：如执政将改革年金	140	政见发表	PTT_Gossiping
3	论坛	2015/7/9	[新闻] 以希腊为鉴 蔡英文：如执政将改革年金	109	政见发表	PTT_Gossiping
4	论坛	2015/7/8	[新闻] 以希腊为镜　蔡英文：执政后组国家年金改	92	政见发表	PTT_Gossiping
5	FaceBook	2015/10/14	在当前各项的百废待举之中，军公教年金制度的改革，涉及"国家"财政、职别平等、世代正义问题，被我们视为是台…	72	政见发表	自由时报_粉丝团
6	论坛	2015/7/9	Re: [新闻] 以希腊为鉴 蔡英文：如执政将改革年金	37	政见发表	PTT_Gossiping
7	FaceBook	2015/10/12	蔡英文 Tsai Ing-wen 表示，青年就业、食安问题、长照体系…年金改革议题皆是台湾民众列为当…	34	政见发表	中时电子报_粉丝团
8	论坛	2015/7/14	[新闻] 民进党：年金破产问题迫切 改革势在必行	31	政见发表	PTT_Gossiping
9	FaceBook	2015/12/8	民进党"副总统"参选人陈建仁今（6）日参加「青年对谈」针对有关年金、税负与世代不正义的问题时提到，年金…	22	政见发表	民报
10	论坛	2015/10/1	[新闻] 年金改革须渐进式！蔡英文抛改革4原则	18	政见发表	PTT_Gossiping

图4-8: 以民进党为舆论主体的十大最活跃话题

资料来源：i-Buzz网络口碑研究中心，年金改革议题口碑资料库，2015年

根据民进党热门话题的图4-8可知，民进党对年金改革发声的话题来源更加多元，包括论坛及新闻类Facebook粉丝专页，所有热门话题均属于政见发表。与国民党的不同之处在于，以蔡英文为主要意见领袖的民进党一直在说未来怎么做，这也是当时民进党作为在野党的最大优势——不需要承担过往政策弊病带来的负面舆论。在此过程中，民进党只要对现有政策和财政状况稍作点评，舆论的火焰就会烧到国民党身上。以蔡英文的"台湾希腊论"为例：

民进党8日中常会，请前台湾"健保局"总经理朱泽民及前主计长许璋瑶以"从希腊债务危机看台湾债务问题"为题进行专题报告，据转述，蔡英文在会中也说，各界常说"国债"是"债留子孙"，但不应真的把问题丢给下一代，而应以希腊为镜，现在就拿出具体的改革方案。

在这一话题中，只要蔡英文将经济债务问题打上"债留子孙"这种认同性议题的色彩，舆论的反应就不会对国民党有利，因此洪秀柱才如此激烈地做出辩护。"大选"中不少政治评论认为，蔡英文正是以"世代正义"拉拢年轻选民，但对于年金改革民进党并未提出具体的方案，只是提出了一些空泛的口号：

蔡也提出解决年轻债务问题的三大重点，包括"组成年金改革委员会，召集各界专家与政府代表，研拟可行年金改革方案，并召开年金国是会议"、"简化年金给付制度、适度延后年金请领年龄"以及"要求年金财务管理单位提高营运绩效"

综上所述，根据2015年台湾年金政策改革在台湾网络舆论场中的传播概况，我们可以看到，以台湾年改议题为代表的不合理的政策输出，与环境产生了极不相适应的结果，激起社会矛盾与分歧，这些矛盾通过政治文化为载体反馈到"输入"环节，也会形成舆论的分化。从政党关于年金改革议题的发声情况，我们可知，政党不仅可以直接操纵政策，它还可以通过强调议题的认同性需求使舆论产生分歧，从而给政策的改良带来更大的舆论压力。图4-9用图解方式解释了这一过程。

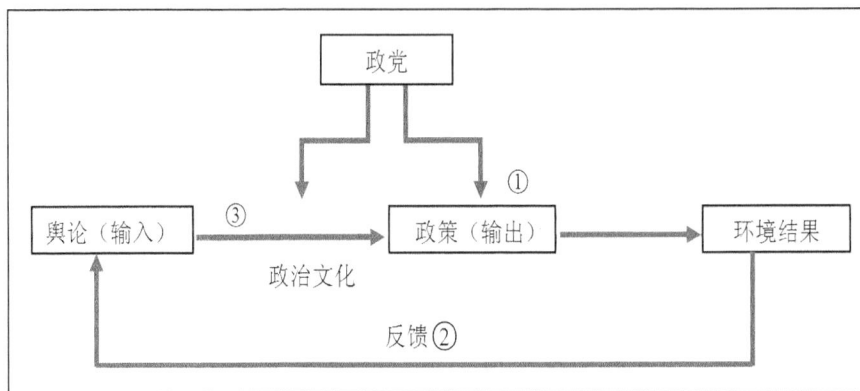

图4-9: 政党因素介入干扰后的政治过程

第四节　年金改革议题在台湾网络舆论场传播信息的内容分析

在前两部分，历史分析法通过对政治革新以来台湾年金政策的分析梳理得出，在输入、输出与反馈的政治系统循环中，政党的介入极大地影响了政策的输出，揭示了政党干扰与政策输出之间的关系；第四章中还从政党为舆论主体的角度分析了政党干扰公共舆论与公共政策互动的模式。从大数据视角对年改议题进行总体观察的过程中，上一章揭示了年改议题在台湾舆论场的基本传播概况，但是对议题的具体信息内容并未做出探讨，本章将运用内容分析法对年改议题的内容进行研究，按照研究问题中关于需求流的研究假设来设计整体框架。

前文假设：在台湾舆论场中，对应政治系统的输入环节，需求流存在"诉求性的需求"和"认同性的需求"两种形式，只有这两种需求的共同实现才能产出公共政策。

因此本部分内容分析的设计主要聚焦样本的内容表达的需求以及议题的内容类型，对年改议题回应数从高到低排序的前100篇热门帖进行研究，设置了需求流类型、利益相关者和议题主体内容三个变量，分别为了探究：在台湾舆论场中，年金政策改革的议题中公共舆论的主要诉求类型是什么？该项政策以职业为区别主要造成了哪些阶层间的矛盾与对立？议题主体内容中大家争议的焦点又是什么？

（一）研究方法与过程

抽样选择与抽样范围：

本章基于i-Buzz数据库进行数据抓取，通过前文所述关键词语法，设置"年金改革"的关键词，在数据库的搜索中设置新闻81个、专栏13个、论坛107个、部落格4个、问答网站5个共264个频道进行口碑数据统计，共有85，534笔口碑数。

第一，对特定时间段的选择。在第三章的大数据分析中可以看到，年改议题在2015年7—12月的声量最高，因此本章的抽样范围选取2015年7—12月这半年中口碑数，它占2014年和2015年总声量数的74%。在这一时间段内，公共舆论讨论最为激烈，具有典型代表性，因此本章研究聚焦在这一时间段。

第二，样本量的抽样。

1 抽样总体

2015年7月至2015年12月台湾网络声量，它的范围包括六大网站来源：论坛（含PTT）、新闻、专栏文章、部落格、问答网站、Facebook社群，其中新闻81个、专栏13个、论坛107个、部落格4个、问答网站5个共264个频道。

2 抽样具体过程

第一步，借助i-Buzz网络口碑研究中心的大数据系统回溯网友及公众媒体2015年在网络上关于年金改革议题的所有数字足迹，以设定事件关键词的方式进行数据捞取。针对264个频道于2017年7—12月的所有文章，排除无关信息或文章，以设定事件关键词的方式进行数据捞取，此阶段一共获得10,977篇文章及其下方网友留言。

第二步，系统自动计算各篇文章之网友留言数量，并依照留言数多寡进行排序。

第三步，进行人工除错步骤，依照研究需求，将"仅提及年金改革一词，但无实质讨论"及"连战50周年金婚"等相关杂讯话题筛除，共得到全年数据93,632笔。按照2015年度趋势图，选取其中讨论量最高的7–12月进行数据的二次细化，筛选出有效数据85,534笔。

第四步，重新依照网友留言数量（即回应数）排序，并摘取留言数较多的前100名热门帖内容原文。

类目建构与编码

第一步，根据以上抽样过程，本研究按照回应数排序在2015年7–12月的口碑数据中选取了100篇回应数最高的帖子作为抽样框，集中研究年金改革议题体现出来的代表性内容。其中有部分帖子都是针对同条新闻或者事件，但是发表的意见内容不同，故也算作独立单位区别开来。

第二步，以整篇文章为单位的编码以及类目建构。传播学学者周翔在著作《传播学内容分析研究与应用》中写道："在内容分析的关键变量识别中主要有四种技巧或路径选择变量，分别是：采用普适性变量；利用理论和前人研究搜集汇总变量；经由扎根或'浮现'过程识别变量；发现反映介质特殊性的关键变量。"本研究采取"利用理论和前人研究"以及"经由扎根或'浮现'过程"的方式来选择关键变量。本章的研究中设置了需求类型、利益相关者和议题主体内容三个变量，这三个变量的设置参考了网络事件的趋势研究的变量设置①。而"扎根和'浮现'"，是指研究者应该通读并读透所要分析的文本，这一方法可以帮助至关重要的变量从信息内容中浮现出来。本章内容分析的抽样框为100条热门帖，每篇帖文大约70–2000字不等，文本总字数83330字。笔者对这100条热门帖均进行仔细通读，熟练把握网帖所表达的主要内容、主要诉求类型以及利益相关者，并在此基础上对编码员进行背景知识训练。本章中的研究将以整篇帖子的内容为单位进行编码。

需求类型。根据网络事件研究中的"利益诉求"变量的启示对年金改革议题的100篇帖子进行"扎根"与"浮现"，总结这些民意需求，将诸如"呼吁年金改革早日实现""提升劳保基金报酬率""行政院尽快将教职及军职人员提拨费率提高至15%""降低存款利率""全民监督政府，先做共识高的"等条目归类为"诉求性需求流"，这一些内容主要表达的是对现实中具体改革措施的需

---

① 钟智锦，曾繁旭：《十年来网络事件的趋势研究：诱因、表现与结局》，《新闻与传播研究》，2014年，21(04):53—65。

求，也就是诉求得到满足，该类舆论会较快时间段内消失。而对于呼吁"世代正义""分配公平""拒绝政党为了政治利益打压、斗争军公教""落实公平正义，拒绝阶级斗争"等民意需求，由于其具有认同性议题所拥有的产生价值观、情感的分歧，所以归类为"认同性需求流"。在帖子中也有不少并未表达具体诉求以及表达的是其他观点，归类为"其它"。

主题内容。根据前人对台湾年金体系的研究，台湾年金政策主要存在以下几类主要争议内容，个人缴费比例、退休年龄、优惠利率存款（18 趴）、所得替代率、劳保基金财务危机、军公教退抚基金危机。本文综合 2015 年台湾年金议题的状况，增加类目"世代不正义与阶层不公"。并将个人缴费比例、退休年龄、优惠利率存款（18 趴）、所得替代率这四个条目归为类目"职业待遇差距"；将劳保基金财务危机、军公教退抚基金危机归为"财务危机"类目。

利益相关者。台湾年金制度虽有有 13 种之多，但职业区别非常明显，只涉及四个群体：军公教群体、劳工群体、农民群体，和除此三类之外的其他群体。其中军公教群体指军人、公务员、教师群体的总和。

表 4-7：相关变量及类目建构表

变量	类目建构	操作化	举例	依据与启示
需求类型	1. 诉求性需求	1) 对既得利益的中短期诉求 2) 需求中表达了对现有条例规定明确的调整操作	"呼吁年金改革早日实现""提升劳保基金报酬率""行政院尽快将教职及军职人员提拨费率提高至15%""降低存款利率""全民监督政府，先做共识高的"等	（钟智锦 曾繁旭，2010）；周翔（2014）[①]
	2. 认同性需求	1) 不可能短期内调和 2) 涉及世代、阶级、群体间公正、公平的宏大主题 3) 产生价值观、情感的分歧	"世代正义""分配公平""拒绝政党为了政治利益打压、斗争军公教""落实公平正义，拒绝阶级斗争"等	
	3. 未表达	1）在内容中没有表达需求 2）做民意调查问卷等	民意调查和党派政见宣传	

---

① 周翔:《传播学内容分析研究与应用》，重庆大学出版社，2014年。

续表

变量	类目建构	操作化	举例	依据与启示
主题内容	1. 职业待遇差距	1）个人缴费比例 2）退休年龄 3）优惠利率存款（18趴） 4）所得替代率	在帖子内容中，主要篇幅和主题是谈及对个人缴费比例、退休年龄、优惠利率存款（18趴）、所得替代率表达不公的内容，侧重职业间待遇的不平等。	陈向宇（2015）；周翔（2014）
	2. 财务危机	1）劳保基金财务危机 2）军公教退抚基金危机	在帖子内容中，主要篇幅和主题谈及对劳保基金和军公教退抚基金可能给台湾财政带来的危机的内容。	
	3. 世代与阶层不公	1）世代不公正 2）阶级斗争与阶层不公	在帖子内容中，主要篇幅和主题谈及要维护世代与阶层间公平，呼吁正义公平的内容	
	4. 其他	1）均不属于以上三种主题 2）民意调查问卷等其他形式	拉取选票的竞选新闻以及民意调查问卷等	

变量	类目建构	操作化	举例	依据与启示
利益相关者	1. 军公教群体	1）军人群体 2）公务员群体 3）教职工群体	主要提及军人保险、军人退抚、公教人员保险（公务员、公校教职员、私校教职员）、公务人员退休、学校教职员退休、私校退抚、政务人员退职、法官退养金等有关军公教群体的内容	（钟智锦 曾繁旭，2010）；周翔（2014）
	2. 劳工	劳工群体	主要提及劳工保险、劳工退休金年金等涉及劳工群体的内容	
	3. 农民	农民群体	主要提及老农津贴、农民健康保险条例等涉及农民群体的内容	
	4. 其他	除以上三个类目以外的群体	"国民年金"受益群体，或是涉及含糊不清的利益相关者的表达内容	

第三步，对编码员的操作和信度检验。在编码员正式编码前，对编码员进行编码训练，使其熟知研究问题。在编码员熟练掌握编码标准之后，开始正式编码。本研究中两名编码员编的一致性系数 Kappa=0.69，p<0.001，根据 kappa 系数在 0.61~0.80 之间便表示高度一致性的分类，表明编码一致性水平较高。

（二）研究结果与讨论

1. 需求类型的结果与讨论

运用 SPSS 软件进行频次分析发现，诉求性需求占比 36%，认同性需求占比 52%，未表达需求的帖子占比 12%，因此可知，年金政策议题内容在台湾舆论场的传播中，认同性需求占比更大。

通过 SPSS 进行交叉分析可以发现，2015 年下半年，随着"大选"的临近，各个需求的结构产生了很大变化，越临近"大选"，认同性需求的表达就越来越走高。通过对这一时间段的文本分析发现，11–12月的热门帖多在讨论年金政策对阶层对立和世代正义带来的影响。其中12月最受人关注的是国民党选举候选人朱立伦与民进党陈德仁之间的辩论。

朱立伦批评，要民进党不要再挑拨世代对立的问题，而是要用领年金的"总和"来看，现场的年轻人可能活到100岁，年金领35到40年，平均每年就会领少一点。他强调应该要呈现事实，而不要说这一代对年轻一代不公平。

而包含对具体条例进行调整的诉求性需求则越往后越式微，只在9月份时因为"今日希腊明日台湾论"热烈呼吁缓解财政危机。由此可见，越临近选举，认同性需求的势头就强劲。尽管诉求性需求可以很快偃旗息鼓，但认同性需求却始终高涨，这种特征也充分说明了两股需求之间的本质区别。

表 4–8: 2015 年下半年年金改革议题的需求类型占比

需求类型	7月	8月	9月	10月	11月	12月
诉求性需求	60.0%	0.0%	45.2%	33.3%	11.1%	7.7%
认同性需求	33.3%	66.7%	40.5%	55.6%	88.9%	76.9%
未表达	6.7%	33.3%	14.3%	11.1%	0.0%	15.4%

认同性需求没法在短时间达成妥协，也面临更大的调和难度，因此他的发酵使得政策改革的难度面临更大挑战，此时公共政策的利益协调将面临历史积弊和未来社会民情的困难，政策碎片化要被整合起来将更有难度。

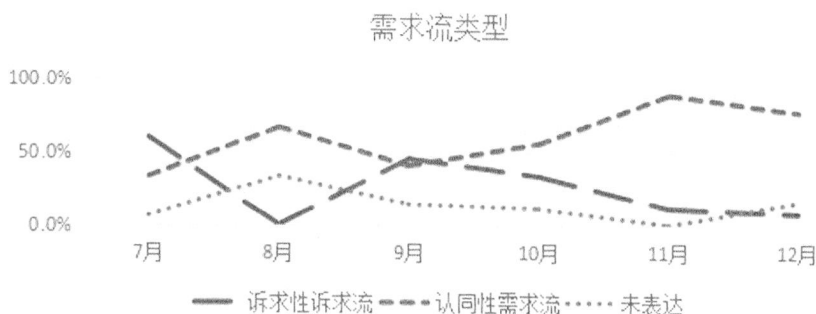

图 4–10: 三种需求类型的月份趋势图

2.议题争议的主题内容的结果与分析

用 SPSS 软件进行频次分析发现，职业待遇差异占比 46%，财政危占比 23%，世代与阶层不占比公 11%，其他占比 20%。其中对职业平等的阐述包括

101

个人缴费比例、退休年龄、优惠利率存款（18趴）、所得替代率等。军公教备受关注的"18趴"始终是舆论的关注热点：

"我们辛苦赚的钱都要回馈到你们军公教优渥的退休生活""尤其今年抢退人潮再度激增，政府的18%优存利息支出将续创新高，抢退原因包括年底前年金改革法案确定不会通过，明年总统大选后可能再次政党轮替，公务员不想面对新变量。""18趴太沉重，国库每年失血逾800亿军公教18趴优存，超过44万户"。

更有人对蔡英文改革年金政见表示不满，认为蔡英文"领18%骂18%"上台后随时会改口。职业平等的类目在趋势图中走势最高，且出现两个波峰，可见不论是在舆论开始发酵的9月还是临近选举的12月，关于不同职业类别间年金不公等问题都产生了很大的声量。由于职业造成的年金待遇差异极大地挑起了社会矛盾，但这些内容还仅暂停留在争论实际差异的层面，并未深度涉及社会矛盾的深层次。

财政危机的变量包括劳保基金财务危机、军公教退抚基金危机以及台湾财政面临的其他挑战。可以从趋势图看出，其实随着"大选"的临近这一类型的帖子是在走下坡路的趋势，因为它并不能保持持久的生命力。"台湾希腊论"在9—10月份呈现了一个小的高峰，后面显得力量不足，这也说明越临近选举，这些宏观的财政议题其实并不是舆论的关注要点，因为财政危机的主体是政府，他只会间接影响民众的利益，不会马上对民众利益产生直接影响。

2015年下半年，世代与阶层不公在舆论场的传播力呈低伏状态，但值得关注的是在12月份出现了反弹。12月的政见发表会上，两党选举人都拿起这个议题争取最后的选票，国民党抨击民进党利用世代正义来否定其执政期间的成果，国民党优势不明显，只能就此为自己执政时期的政绩做辩护。

其他话题则包括一些针对年改的民意调查，以及拉取选票，发表不具有具体改革内容的政见，仅为呼应等的表达。

表 4-9: 年金改革争议的主题内容

主题内容	7月	8月	9月	10月	11月	12月
职业待遇差距	26.7%	33.3%	54.8%	38.9%	66.7%	38.5%
财务危机	40.0%	33.3%	21.4%	33.3%	0.0%	7.7%
世代与阶层不公	6.7%	0.0%	7.1%	5.6%	0.0%	46.2%
其他	26.7%	33.3%	16.7%	22.2%	33.3%	7.7%

其中，职业待遇差距包括：个人缴费比例、退休年龄、优惠利率存款（18 趴）、所得替代率等四个主要类别，财务危机包括劳保基金财务危机、军公教退抚基金危机两个类别，世代与阶层不公包括对年轻人的世代不正义以及对阶层造成的斗争，其他包括除 123 以外。

主题内容

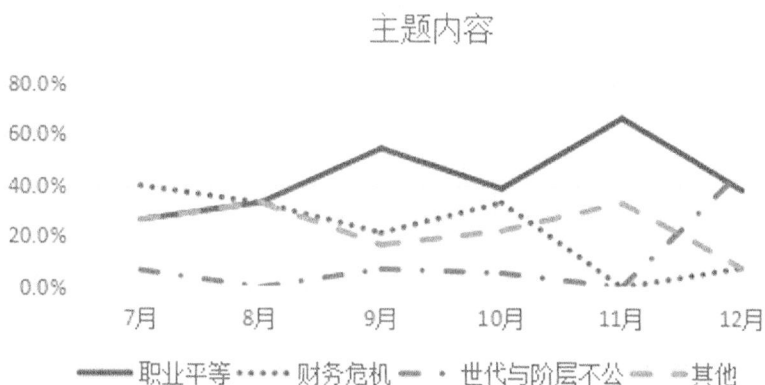

图 4-11：不同主题内容所占百分比的月份趋势图

3. 利益相关者类型的结果与讨论

对于利益相关者的分类，本研究只制作了频次分析，且一则帖子中常常包涵好几个利益相关者，因此该变量的类目中占比相加并不等于 100%。军公教群体是年金改革中最为敏感的群体。

他们的诉求主要有几个方面，第一是反对污名化该群体，年金政策中军公教所享受的优待并非是该群体通过不正当的手法获取的。公教退休人员总会代表人在 11 月表示，国民党、民进党及亲民党地区领导人参选人若有谁能提出符合"程序正义"的年金改革政见，将能影响军公教退休人员 50 万张选票的投票意向。"军公教退休人员从不反对改革，但改革必须坚持民主法治原则及符合程序正义，改革是往进步的方向迈进，而非借改革之名，违法、撕裂族群，甚至将军公教退休人员污名化。"由于不满被污名，还有军公教人员认为劳工待遇比自身要好，发文一一列出对比。

第二是军公教群体本身对自身领取高额年金的反思和感到"愧疚"。诸如有教师发文称："我要说，我拿这个钱，真的一点尊严也没有……"更有"财政部长"站出来发声，透露妻子自"国中"教职退休后，竟比工作时领得还多，表示"从我太太身上，就能看出国家财政问题""终止年资 18% 优惠存款，绝无自我图利"。

第三种就是针对全社会对军公教群体不满的情况下，呼吁拒绝阶级对立和斗争。"年金改革并非是以制造阶级斗争为其目的，而是祈求可长可久，及符合落实公平正义为原则，才是全民的期望。"

表 4-10: 2015 年下半年年金改革议题的利益相关者

利益相关者	占比
军公教群体	90.9%
劳工	40.9%
农民	6.8%
其他	20.5%

第五节　结论与启示

本研究通过对台湾年金政策改革议题的历史回顾，以及对 2015 年下半年台湾年金改革议题在台湾网络舆论场中的传播分析，来窥见在台湾政治文化背景下公共舆论与公共政策是如何互动的，试图探索一个更丰富的模型来丰富舆论学在公共领域和政治文化中的角色与作用。本研究不仅采用历史研究法对三十余年来的年金改革议题发展作出简要的梳理，还依托大数据的资源，采用内容分析、文本分析的研究方法来研究年金政策议题在台湾舆论中的传播现象，借鉴阿尔蒙德的政治文化理论，将公共政策与公共舆论对应政治文化中输入与输出环节来进行研究，试图展现二者完整的互动过程，并细化这种流程。本章将对前文采取不同研究方法的研究成果进行总结梳理，并在此基础上，提出对台湾研究的心得启示，为今后了解台湾舆论的特征以及公共舆论与公共政策互动过程的研究提出借鉴。

（一）研究结论

第一，从对台湾年金改革议题三十余年的历史梳理来看，年金改革议题提出的时间绝大部分都是台湾地区领导人选举或地方选举之前。总之，有选票需求的时候，这个议题就会活跃在舆论场，政党利用对政策的口头许诺或是实际利益，操作福利受益者的政治选择，将民生议题政治化。

在台湾政治文化背景下，从公共舆论的输入到公共政策的输出、反馈的循环中，政党直接对政策起到了干扰作用。在年金政策议题中，政党对公共政策的操纵表现为两种类型：一种是出于选票目的的政策出台后与环境不相融，与社会实情不相符，产生社会矛盾与财政危机。如加码老农津贴带来的财政负担；另一种是先做政治许诺再拖延执行，使得真正适合改善民生的有利政策受到财政的压力延宕推迟，如2000年陈水扁先承诺将在2001年实施"国民年金"，上台后因为财务危机表示福利项目要暂时缓后，这种在野与执政时对同一个公共政策的矛盾态度，更加暴露了台湾政党只为政治利益和选票，将公共政策作为选票工具，牺牲台湾发展前途的弊端。这种政治操弄最终会让政党失去民心。

第二，从大数据视角来看，在2015年这个台湾选举年中，年金改革议题的总体声量相比非选举年要高很多，这契合之前历史回顾中一遇到选举议题就开始活跃的结论。通过年金改革议题在台湾网络舆论场的传播概况可以得知，关于族群、世代和阶层的舆论与要求具体改革措施的利益诉求性舆论都在舆论场中具有高口碑量，平均回应数与回应数都很可观；但是这两种舆论在平均回应数上有着质的区别，在回应数差别微小的情况下，关于族群、世代和阶层这类认同性舆论得到的平均回应数为9.88，而要求具体改革措施的利益诉求性舆论仅有5.65，前者激起的舆论反应要激烈很多。另外在这一传播过程可以发现Facebook和论坛中的PTT占据了声量的主要来源，这两个网络社群是研究台湾舆论值得重点关注的场域。

在以政党为舆论主体角度的大数据观察中，研究发现，此次年金改革议题中国民党的发声量和活跃度要远远超过民进党，但这样的情况多数是被动发声。由于2015年选举宣传时，国民党是执政党，不少人认为年金政策的积弊来自过去执政时期政策的失误和政绩不佳，如果国民党在宣传中表示改革的决心则否定了这届政府的政绩，如果不提及年金改革又无法绕过去这个亟待解决的社会问题，因此国民党在此时的发声多为维护自身政绩。而民进党出于在野党地位，相对来说具有优势，它的舆论活跃度平缓，但每次制造的关于年改的小高峰都能使得国民党成为众矢之的。通过对两党年金改革议题的热门话题以及关键词排名可知，国民党在本次年改中注重"劳保年金"、劳工等，试图展示过去政绩来争取劳工群体认可。相比之下，民进党的关键词更加一针见血，提及"重启财政纪律"、担心台湾"财政破产"、"废除公务员18%"的退休俸福利、避免

"债留子孙"等，涉及了世代正义与军公教群体引起的阶层不公。从中可以窥见政党不仅可以直接操纵政策，还可以通过强调议题的认同性因素使得舆论分歧产生，给政策的改良带来更大的舆论压力，于是我们在历史回顾中展现的模型又得到了丰富。

　　第三，从内容分析和文本分析角度来看，本研究先对文本进行扎根浮现的方式来识别关键变量，甄别了最热门回应数的 100 个帖子，发现对于年金改革政策，舆论要表达的需求诉求分为三种类型。第一类是对具体改革措施的需求，称为诉求性需求。这种需求可以通过较短时间得到实现，多关于改革的重点、财政的调控、监督政府等等。第二类则是关于阶层、世代、族群平等的需求，称为认同性需求。这一需求无法在短时间内得以实现，因为它涉及价值观、情感的分歧；第三种为未表达。

　　通过内容分析中三个变量的分析，可以发现，越临近"大选"，认同性需求的表达就越来越走高，诉求性需求则渐渐式微，用实证案例验证了认同性舆论生命周期比诉求性舆论在舆论场中存在时间更长的观点。通过对年金改革议题主要争议内容的分析发现，主题内容中职业待遇差距的讨论更多，由此可见不同职业类别间的差距是年改议题中的主要争论内容，它具体体现为关于军公教群体待遇明显高于其他群体的讨论。通过对利益相关者的内容分析也发现，军公教群体在此次年改议题中是最主要的利益相关者，其次则是劳工群体。军公教备受诟病的优惠利率存款和高所得替代率使得本次年金改革主要焦点在于削减军公教群体的福利。

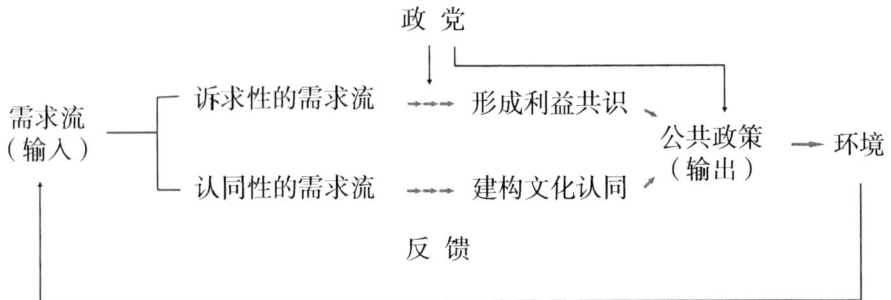

图 4-12: 台湾政治文化背景下公共舆论与公共政策的互动模型

　　综合每一种研究方法发现的结果，最后可以对舆论与政策的互动模式产生一个模型图。原本输入—输出—环境—反馈是一个好的制度下的良性循环，但在台湾舆论场中，该循环受到政党干扰后使得这个系统阻塞并产生恶性循环。政党可以直接影响政策，因为它可以通过立法中同党派人士的表决进行操控；政党也可以对两股需求流的合流产生影响，以年金改革为例，政党屡屡积弊的做法使得输入政治系统的需求流产生阶级、世代族群的冲认同分歧，要调和多个认同性舆论与诉求来形成一个合理的公共政策异常艰难。一个合理的、适应社会环境的公共政策的形成，有赖于形成舆论的共识，这不仅需要形成利益共识，还需要建构文化的认同。这种认同在阿尔蒙德的政治文化理论中表现为认知、情感和评价上的共识。

（二）研究启示

第一，台湾舆论的特征其实是台湾政治文化的一个表现形式。政党为牟取政治利益顺应选民成为公共政策出台的主要考虑因素，甚至可以不顾台湾社会的可持续发展，本末倒置。这种状态的持续导致每一次台湾的公共政策改革实质上并没有推动台湾社会的发展，而是始终空转甚至倒退，这就是台湾发展的困境所在。一方面台湾的政党轮替使得民主化进程更加成熟，一方面却不能借助民主制度优化社会机构、缓解社会矛盾。

第二，公共政策是对社会经济利益以及福利进行宏观调控的机制，但是在台湾政治文化背景下，由于政治的作用，公众窄化了对公共政策的理解。政治的炒作让民众以为领取某些给付是一种"权利"，"谁能给我好处我就选谁，谁要剥削我的收入我就不投票"的选民心态越来越明显。这样的现象造成了"族群政治"下分裂的台湾，族群间非此即彼，二元对立。可见当政者绝不能为了短期利益将公共政策当作工具，而是要以可持续的视野和大局观剖析台湾现状。

第三，公共政策和公共舆论都具有公共性，公共政策要合理表达，需要公共舆论形成一个共同体，在这个共同体中既要建构一个利益的妥协，还要建立文化的认同。

（潘小佳，厦门大学新闻传播学院传播学硕士，现任职于厦门大学经济学院。）

第五章　跨舆论场传播：大陆"九三阅兵"事件在台湾网络的仪式传播

　　大陆与台湾发展两个不同的舆论场，但两岸特殊的历史现实关系，决定了大陆舆论场与台湾舆论场之间存在着一个第三舆论场，即"两岸间舆论场"（参见第一章第五节），在这个"两岸间舆论场"中，最重要的舆论行为就是"跨舆论场传播"，本章以"九三阅兵"事件为例，讨论大陆纪念性事件在台湾网络的跨舆论场传播。

　　2015 年 9 月 3 日，中国大陆隆重举行纪念中国人民抗日战争暨世界反法西斯战争胜利 70 周年阅兵仪式。作为一场盛大的纪念性活动，"九三阅兵"的传播举世瞩目，不仅在中国大陆引发围观热潮，而且在台湾激起舆论涟漪。"九三阅兵"本身就是一场仪式，也是一件纪念性事件。"九三阅兵"仪式中，安排部分国民党老兵受阅、邀请连战出席阅兵等举措，彰显了对台传播的重大战略和诉求。

　　传播分为两种：一种是单纯的信息的传递，称之为传递式传播，另一种是以在场聚集、共同关注、共同分享为主要特征的传播，称之为仪式化传播。一个以仪式为本体的传播事件，是否必然具备仪式化传播的特征，是否必然可实现仪式化传播的目的，特别是当其脱离仪式现场进行跨舆论场传播时，其传播方式是传递式传播，还是仪式化传播？带着这些问题，本研究以"九三阅兵"仪式事件为例，运用网络民族志的方法，首先对该事件在大陆网络舆论场与台湾网络舆论场的传播进行比较，然后运用内容分析与文本分析两种研究方法，探究仪式事件进行跨舆论场传播的表现与效果，总结仪式传播在跨舆论场传播的特点与规律。

　　研究结果表明，"九三阅兵"在大陆网络舆论场中的传播，很容易地实现了标准式的仪式化传播，并形成了认同性共同体。"九三阅兵"在台湾网络的传播，是以"即时"与"延时"为主要特征的"在场"构成了"九三阅兵"在台湾网络中的仪式化传播，其中新闻媒体及其 Facebook 粉丝专页对大陆纪念性事件的聚焦程度明显很高，甚至高于对部分台湾本地事件的关注。对台湾网络舆论场关于"九三阅兵"事件的传播信息进行内容分析，发现阅兵相关信息及话题主要集中在网友评论性的意见与情绪表达之中，严肃直白和戏谑嘲讽的意见表达占据网络舆论场。文本研究也发现，"九三阅兵"在台湾网络的传播，是一场特殊性的仪式化传播，具有围观式聚集，争议式参与，分歧式分享的特征。在该事件的传播过程中，台湾网络舆论场形成了区别于大陆网络舆论场上标准仪化传播的另一种具有共性历史、共有议题、共享标的物的相对性共同体。研究启示大陆在今后对台传播中应积极合作，减少由政策原因所导致的台湾大众延时性的"在场感"、努力创造两岸舆论场共同的"关注点"、减少争议与分歧以创造良好的"共识性"、把握两岸重要节庆活动的传播以促成两岸情感的"共享"。

第一节　反式传播与作为纪念性事件的"九三阅兵"

（一）问题的提出

2015 年 9 月 3 日，中国大陆隆重举行纪念中国人民抗日战争暨世界反法西斯战争胜利 70 周年阅兵仪式。国防大学战役教研部教授陈士强认为"九三阅兵"在中国阅兵史上创下"六个首次"，分别是"首次举行胜利日主题阅兵""首次突出抗战元素""首次增加抗战老兵受阅""首次安排部分国民党老兵受阅""首次邀请外国军队代表参加阅兵"和"首次安排将军领队参阅"[①]。作为一场盛大的纪念性活动，"九三阅兵"的传播举世瞩目，不仅在中国大陆引发围观热潮，而且在台湾激起舆论涟漪。

"九三阅兵"主题的选定、时间的选择、现场的方阵编排、行军路线、礼炮发射、参阅人员的出场、参演服装、表演动作等都是经过事前周到的策划和多次彩排而得以展现在观众面前。中国大陆无论是传统媒体还是新媒体无一缺席这场盛事的报道，民众也聚集不同的空间中，关注着这个中国大事件。

"九三阅兵"本身就是一场仪式，同时也是一个带有纪念性质的事件。从

---

① 朱书缘、程宏毅：《军事专家：九三阅兵意义重大包含阅兵史上多个"首次"》，http://theory.people.com.cn/n/2015/0903/c148980-27543615.html. 2015-09-03/2018-03-10。

1949 年的开国大典到 2015 年新中国成立六十六周年，中国一共举行了 15 次阅兵大典。中国革命军事博物馆研究员、军史专家姜廷对此次"九三阅兵"与国庆阅兵的不同做出了比较，他指出前 14 次都选择在 10 月 1 日这一天举行国庆阅兵，国庆阅兵的主题和关键词是"庆祝"，主要是庆祝中华人民共和国成立；而此次在 9 月 3 日举行胜利日阅兵，阅兵的主题和关键词是"纪念"，主要是纪念中国抗日战争与反法西斯胜利[①]。由此可见，这场纪念性活动是以阅兵仪式作为表现方式，"九三阅兵"也因此烙上纪念性的标记。

"九三阅兵"是中国大陆纪念性事件的重要代表，纪念抗日战争的胜利，纪念反法西斯的胜利，就不得不涉及两岸抗日的共同历史，共同记忆。安排部分国民党老兵受阅、邀请连战出席阅兵等一系列举措，都是在向海峡对岸传递着"两岸一家亲"的情感与信念，更是为积极建立两岸共同体所付出的努力与实践。

那么，带着仪式和大陆纪念性事件双重身份的"九三阅兵"，跨越大陆舆论场传播到台湾网络舆论场中到底会发生什么，一个以仪式为本体的传播事件，是否必然具备仪式化传播的特征，是否必然可实现仪式化传播的目的，特别是当其脱离仪式现场进行跨舆论场传播时，其传播方式是传递式传播，还是仪式化传播？

对于这些问题的探讨，无论从中国大陆对台传播的现实诉求来说，还是对仪式传播与跨舆论场的研究都具有重要的价值与意义，尤其是从仪式传播的视角来探讨跨舆论场的传播，具有创新之举。

（二）学术史回顾

1. 纪念性事件的研究概况

截至 2018 年 3 月 14 日，以"纪念性事件"为关键词或主题词搜索 CNKI 期刊、硕博论文，均无相关内容。在相同时间节点，以"纪念性"为关键词或主题词搜索 CNKI 期刊、硕博论文，得到文章均为与建筑美学、空间设计相关的文章，与纪念性事件研究无关。以"纪念性活动"为主题词或关键词搜索 CNKI，得到期刊文章 1 篇，硕博论文 2 篇。三篇文章分别是以新闻宣传的角度

---

① 朱书缘、程宏毅：《军事专家：九三阅兵意义重大包含阅兵史上多个"首次"》, http://theory.people.com.cn/n/2015/0903/c148980-27543615.html. 2015-09-03/2018-03-10。

研究《解放军报》关于雷锋纪念周年的报道①、以框架理论研究两岸报纸关于辛亥革命百年纪念的文本②、从历史呈现和记忆建构的角度研究《人民日报》的抗战胜利 70 周年新闻报道③。

　　除此之外，近几年传播学界关于纪念性事件的研究还涵盖了国家对重大事件、伟人、先烈等特定节日开展的相关纪念性活动。例如"南京大屠杀""纪念孙中山诞辰"等等。这些研究大致集中在民族国家观念④、国家仪式⑤、国家认同⑥、集体／历史记忆⑦、媒介记忆⑧、纪念话语⑨、媒介叙事与文化创建⑩等层面。

　　目前中国大陆关于纪念性事件的研究多，研究集中在文学小说、新闻报纸的报道或文本，关于国家认同、集体记忆、形象塑造等研究为本文提供了参考。但"纪念性事件"一词尚未出现在可检索文章中，也尚未成为明确的研究对象进行研究。

　　2. "九三阅兵"的研究概况

　　截至 2018 年 3 月 1 日，以"九三阅兵"或"9·3 阅兵"为主题词，在 CNKI 检索期刊共得到 5 篇相关文章，除去新闻报道类篇目，仅有王丹宇的《军事报道中的英雄美学——以＜解放军报＞"九三阅兵"报道为例》⑪、王爱玲和丛雅清的《转化性重构：微博平台"媒介事件"的话语结构转变——以新浪微博

---

　　① 雷雨：《搞好重大纪念活动的宣传策划——以〈解放军报〉纪念雷锋 50 周年特刊为例》，《军事记者》，2013，（4）：19。

　　① 刘思宇：《辛亥革命的媒介框架偏向——以两岸六份报纸的辛亥革命百年纪念性文本为例》，江苏：南京大学，2012。

　　③ 胡瑾娟：《纪念性报道的历史呈现即记忆建构研究——以〈人民日报〉在抗战胜利 70 周年的报道为例》，山西：山西大学，2016。

　　④ 李永东：《小说中的南京大屠杀与民族国家观念表达》，《中国社会科学》，2015，（6）：152。

　　⑤ 郭辉：《民国国家仪式研究》湖北：华中师范大学，2012。

　　⑥ 叶欣：《国家公祭：社会记忆与国家认同》，《河海大学学报（哲学社会科学版）》，2015，（2）：53。

　　⑦ 洪治纲：《集体记忆的重构与现代性的反思——以〈南京大屠杀〉〈金陵十三钗〉和〈南京安魂曲〉为例》，《中国现代文学研究丛刊》，2012，（10）：20。

　　⑧ 余霞：《全球传播语境中的国家创伤与媒介记忆——中、日、美、英"南京大屠杀"相关报道（1949-2014 年）的内容分析》，《华中师范大学学报（人文社会科学版）》，2016，（5）：129。

　　⑨ 郭辉：《新中国成立以来孙中山纪念话语的时代演变》，《党史研究与教学》，2017，（1）：11。

　　⑩ 李红涛、黄顺铭：《"耻化"叙事与文化创伤的建构：〈人民日报〉南京大屠杀纪念文章的内容分析》，《新闻与传播研究》，2014，（1）：37。

　　⑪ 王丹宇：《军事报道中的英雄美学——以〈解放军报〉"九三阅兵"报道为例》，《新闻研究导刊》，2017，8（21）：83。

"9·3 大阅兵"的信息传播为例》[①]与王爱玲和张晓梅的《微信平台热点新闻事件信息传播特质研究——以"9·3 大阅兵"议题传播为例》[②]3 篇学术研究文章。同时，以"阅兵"为主题在 CNKI 检索硕博论文，共得 74 条相关结果，再以"九三阅兵""9·3 阅兵""抗战胜利 70 周年"和"2015 年"为主题词进行二次筛选，共有 16 篇相关研究。研究主要集中在仪式传播与国家形象、国家认同的建构、媒体报道的话语建构、国家记忆与集体记忆等方面内容；涉及的媒体类型以国内媒体（电视直播、视频网站、微博、微信等）为主，以国际媒体新闻报道为辅。

目前，国外新闻传播学研究领域未见关于"九三阅兵"内容。中国大陆的这些相关研究的意义在于从仪式观点、仪式互动的框架来研究"九三阅兵"的传播，为研究"九三阅兵"在台湾网络的仪式传播提供可资借鉴的思路，但研究过于集中在中国大陆本场域的新闻媒体报道，关于"九三阅兵"在台湾网络舆论场中如何传播的研究仍属空白。

3. 对台传播的研究概况

关于对台传播的研究课题重要，课题数量多，并且重策略性的研究，与此相关的文章也多。新闻传播学对台传播研究大致分为加强和改善对台宣传报道研究[③]、基于民族认同感的两岸媒体抗日集体记忆话语研究[④]、建立"两岸命运共同体"与对台传播观点研究[⑤]等方向。研究涉及闽台文化[⑥]、两岸交流[⑦]、政治互信[⑧]、舆情舆论[⑨]等诸多领域。

在对台传播研究领域中，厦门大学邹振东教授首次提出"台湾和大陆分属

① 王爱玲、丛雅清：《转化性重构：微博平台"媒介事件"的话语结构转变——以新浪微博"9·3 大阅兵"的信息传播为例》，《新媒介研究》，2016，（20）：49。

② 王爱玲、张晓梅：《微信平台热点新闻事件信息传播特质研究——以"9·3 大阅兵"议题传播为例》，《新闻知识》，2016，（6）：27。

③ 何竞平：《网络广播电视台对台传播的优势与策略》，《青年记者》，2014，（7）：17。

④ 黄正茂：《以微纪录片传播建构台湾青年集体记忆——新媒体时代对台传播新形式探析》，《东南传播》，2016，（5）：18。

⑤ 连子强：《构建"两岸命运共同体"与传播观念转型》，《华侨大学学报（哲学社会科学版）》，2014，（3）：134。

⑥ 祖群英：《当前闽台文化交流机制创新研究》，《中共福建省委党校学报》，2008，（4）：90。

⑦ 刘丽贞：《在"一带一路"背景下如何做好对台传播》，《中国广播》，2015，（9）：71。

⑧ 刘国深：《增进两岸政治互信的理论思考》，《台湾研究集刊》，2010，（6）：10。

⑨ 邹振东、任振华、程佳佳、王宇瑾、吴佳敏：《大数据视域下的 2015 年台湾网络舆论场》，《台湾研究集刊》，2016，（6）：27。

两个舆论场"以及"跨舆论场传播"的概念。在他的论述中，所谓"跨舆论场传播"是指"分属不同舆论场的各要素之间、要素与场之间、场与场之间的舆论传播，简言之，跨舆论场传播指的是涉及到两个不同舆论场的舆论传播"。其发表的《大数据视域下的2015年台湾网络舆论场》报告，利用台湾在地大数据来研究台湾。邹教授的研究成果为本文研究中国大陆纪念性事件在台湾网络的仪式传播带来了启示。

遗憾的是，中国大陆学者关于对台传播的研究大多基于大陆本场域的数据、现象来反观对台的研究，仅有少数学者立足台湾舆论场，或是将大陆与台湾两个舆论场进行对比研究。

综上，中国大陆学者关于大陆纪念性事件在台湾网络的仪式传播研究仍算空白。由此，对这个选题的研究，不仅可以深化仪式传播研究的内涵，可以拓展跨舆论场研究的应用，也可以丰富对台传播研究的内容。

（三）概念与理论

1. 仪式传播

仪式是人类文明的重要财富，它贯穿于生活的每个角落，发生在国家、团体、组织与个人之中。"仪式"是人类学研究的重要概念，同时也是人文学科其他研究领域的关注点。英国人类学家维克多·特纳（Tuener V.）认为，"仪式"是一种"不运用技术程序的规定性正式行为"，它指向与带有"神秘物质或力量"的"信仰"，并发生在"特殊场合"[①]。英国另一位人类学家坦姆比亚（Tambiah）对"仪式"进行了较具有操作性的定义，他认为，"仪式是一种文化地建构起来的具有象征交流特点的系统，它由一系列模式化和系列化的言语和行为组成，往往是借助多重媒介表现出来，并在排序和内容方面在不同程度上表现出礼仪性、立体性和重复性的特征"[②]，即仪式是某种行为为了满足形式上或某种目的的需求，把人们聚集在一起并参与进来，以共享某种情感、记忆或信仰感。

何谓"仪式传播"？美国传播学者罗森布尔(Eric W. Rothenbuhler)在《仪式传播》一书中梳理并分析了"仪式传播"的两个层面，分别是作为传播现象的仪式（指正式仪式和日常生活礼仪）和作为仪式现象的传播（仪式化的传播

[①] 维克多·特纳（著），赵玉燕等（译）：《象征之林——恩登布人仪式散论》，北京：商务印书馆，2006年，第6—7页。

[②] 鲍伊：《宗教人类学导论》，北京：中国人民大学出版社，2004年，第178页。

活动，如重大新闻传播事件）。他认为仪式是"自愿表演，并有适当的规范行为，从而达到象征性地影响和参与到严肃生活中"①。与罗森布尔出版同名著作的福特（Gunter Eenft）和巴索（Ellen B. Basso）则对"仪式传播"有不同的见解，他们认为仪式传播的核心是语言，但不是唯一要素，发生的地点是在"人类交往的地方"，活动则是一种"文化知识创造"②。美国社会学家兰德尔·柯林斯（Randall Collins）则在 1986 年出版的《互动仪式链》中，从互动的角度来阐释仪式传播的过程。他指出人类活动的基础是以仪式为主要形式的相互间的交流，即互动仪式。而互动仪式则需具备四个基本要素，分别是共同聚集（指两个或两个以上的参与者聚集在同一空间）、仪式具有准入条件、共同焦点和共享情感③。

与"仪式传播"所指不同，但又具有关联性的另一个名词"传播仪式观"（a ritual view of communication）则是美国传播学者詹姆斯·凯瑞（James Carrey）在 1975 年发表的《传播的文化研究取向》一文中，首次提出的概念。其提出的目的在于区分在美国传统传播学研究中占主导地位的"传播的传递观"（a transmission of communication）。凯瑞的"传播的仪式观"原意指"是一种以团体或共同的身份把人们吸引到一起的神圣典礼"。与传统的"传递观"从地理空间层面所主张的信息的"'传授'（imparting）、'发送'（sending）、'传送'（transmitting）或'把信息传给他人'（giving information to others）"不同，凯瑞的"仪式观"强调从时间的维度上来对社会进行维系，是与"'分享'（sharing）、'参与'（participation）、'联合'（association）、'团体'（fellowship）和'拥有共同信仰'（the possession of a common faith）这类词有关，这一定义反映'共性'（commonness）、'共有'（communion）、'共享'（community）与'沟通'（communication），即传播在古代有着同一性和共同的词根"④。

"仪式传播"与"传播仪式观"二者在中国的研究中，则主要集中在对"仪式传播"、"传播仪式观"等概念的辨析与探讨。武汉大学刘建明认为，"传播的

---

① Rothenbuhler. E.W. Ritual communication: from everyday conversation to mediated ceremony[M]. London: Sage Publications, 1998.18.

② Senft, G. & Basso, E.B. Ritual communication[M]. Oxford: Berg, 2009.1.

③ 兰德尔·柯林斯（著），林聚任、王鹏、宋丽君（译）:《互动仪式链》北京: 商务印书馆，2012 年，第 31—87 页。

④ 詹姆斯·凯瑞（著），丁未（译）:《作为文化的传播"媒介与社会"论文集》北京: 华夏出版社，2005 年，第 3—7 页。

仪式观"与"仪式传播"二者中的"仪式"概念具有同样的涵义，但后者的外延更为宽泛，涵盖了前者①。中国人民大学新闻学院闫伊默和郑州大学新闻与传播学院刘玉把詹姆斯·凯瑞的"传播的仪式观"直接表述为"仪式传播"这个名词，他们认为，"仪式传播的论域总体上涵盖仪式自身的传播和仪式化的传播"②。

"仪式传播"与"传播仪式观"的关系是集合关系。"仪式传播"研究包含了"传播仪式观"。前者涵盖了作为仪式的所有传播活动及具有仪式化的传播行为，后者则强调任何传播活动都有仪式性的特征，都是传者与受众共享意义，获得社区归属感的过程。

2. 仪式传播的重新定义

基于学者们对"仪式传播""传播的传递观"与"传播仪式观"的研究，围绕"仪式"与"仪式化"两个核心的关键词，笔者从狭义的角度对"仪式传播"做出自己的理解：

仪式传播包括仪式的传播和仪式化的传播。仪式传播研究指的是以一切仪式与仪式化的传播现象为研究对象的研究，包括对事件本体为仪式的研究和对传播方式为仪式化的研究。当事件本体为仪式时，有两种传播情况：一种是仪式化的传播，另一种是传递式的传播（也可称为非仪式化的传播）。当事件本体不为仪式，也有两种传播情况：一种是仪式化的传播，另一种是传递式的传播（也可称为非仪式化的传播）。即关于仪式传播的四种模式（见图5-1）：仪式本体的仪式化传播、仪式本体的传递式传播（也称仪式本体的非仪式化传播）、非仪式本体的仪式化传播、非仪式本体的传递式传播（也称非仪式本体的非仪式化传播）。

---

① 刘建明：《"传播的仪式观"与"仪式传播"概念再辨析：与樊水科商榷》，《国际新闻界》，2013，（4）：168—173。

② 闫伊默、刘玉：《仪式传播：传播研究的文化视角》，《湖北经济学院学报》，2009，7（2）:116—119。

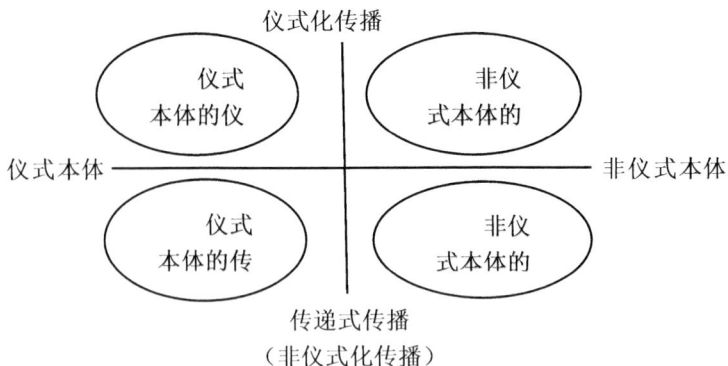

图 5-1：仪式传播的四种模式

何为传递式传播，何为仪式化传播？本研究对此的理解为：传递式传播就是以信息传递为主要特征的传播，仪式化传播就是以在场聚集、共同关注、共同分享为主要特征的传播。传递式传播是常态，某种意义上说，仪式化传播，一定包含着传递式传播，而传递式传播，则不一定是仪式化传播。

与此同时，在上述"仪式传播"综述中，出现了"聚集""分享""参与""联合""团体""共性""共有""共享""共同焦点"等高频词。这些词语的表述不同，但词与词之间的意思却有相近之意，并有多重的关联性。笔者在对每个词原有表述的理解下，对其进行归纳，分别是：

第一类词"在场"："聚集""联合""团体""参与"。"在场"（presence）一词是社会学领域中研究场景理论（The Theory Of Scenes）中的要素，是指身体本身在事情发生、进行的现场，是指身体绝对的在场。而在传播学研究的范畴里，"在场"则是绝对在场与相对在场的结合。新的媒介打破了时空的阻隔，并借由信息网络产生了新的社会场景①，使得"在场"成为是空间与时间意义上的存在。传统媒体时代所创造的"在场感"是观看电视直播所带来的"身临其境"，是一种"现场感"②，新媒体时代所创造的"在场感"则是一种突破空间与时间的"存在感"。在仪式传播的研究中，传统的"信息传递观"侧重的是从空间维度上的传输，詹姆斯·凯瑞的"传播的仪式观"则侧重从时间维度上对社会的维系。从时空维度来理解，"在场"既有"即时在场"，也有"延时在场"。

① 赵建国：《身体在场与不在场的传播意义》，《现代传播》，2015，（8）：58。
② 彭兰：《移动互联网时代的"现场"与"在场"》，《湖南师范大学社会科学学报》，2017，（3）：147。

"即时在场"可以是当下的身体的在场，也可以是借由新的媒介在另一空间里的同时在场，例如：同时间观看电视直播。"延时在场"可能是媒介信息传输的滞后导致的延时，也可能是不和事件发生的同时进行的延迟，是事后回顾。例如：回看电视的直播。

第二类词"关注"："共同焦点""参与"。"关注"是指对焦点投入的注意力[①]。这个焦点可以是一场"神圣的典礼"，也可以是典礼中的具体的人、物或某个事件。对这个词的理解在于"注意力"，这种注意力是投射在某个焦点中的大部分人的精力集中。何以发生"关注"？可以说"关注"的对象广泛，"关注"的理由也随个体的差异而具有不同的解释。例如，聚集在一起为了参加一场神圣的典礼，那参与者关注的就是这场典礼活动及活动中的人、物、事。就好比说，观众观看阅兵仪式，有一部分人对新式武器的亮相感到振奋和欢喜，有一部分人对此感到威胁和恐慌。那么"新式武器亮相"就是共同关注的对象，而至于在这场关注中所呈现的态度或情感，则是由关注所产生的结果。可以说，在关注中可以表达认同，也可以表达歧义。无论认同也好，分歧也好，都表明在关注，只有关注了，才会进行态度、情感等的表达。

第三类词"共享"："分享""共有""共享"。"共享"（community）一词是与"传播"（communication）具有共同的词根。这个共有的拉丁语语源就是"分享"（communic）。在传播的定义中对这个词的理解是，"通过传播共同享有一则信息、一种态度或思想，目的在于建立彼此之间认知的共同性"[②]。也就是说，对于"共享"的理解，可通过信息、态度、情感、思想、记忆、信仰等的分享以达成两人或多人以上的共同知晓。

我们将三类表述不同但意思相近的高频词——"在场""关注"与"共享"理解为仪式化传播的三大要素。三者关系复杂，且紧密相关。

对"仪式传播"的重新定义将是本文接下来研究的主要依据。本文将围绕以仪式为本体的传播事件"九三阅兵"在大陆舆论场和跨舆论场是否实现了仪式化传播并具备仪式化传播特征，仪式事件进行跨舆论场传播的表现与效果，仪式传播在跨舆论场传播的特点与规律展开研究。

---

① 兰德尔·柯林斯（著），林聚任、王鹏，宋丽君（译）：《互动仪式链》，北京：商务印书馆，2016。

② 佘绍敏：《传播学概论》，福建：厦门大学出版社，2003年，第6—7页。

第二节　"九三阅兵"在大陆网络舆论场的仪式传播

据人民网舆情监测室[①]发布的 2015 年互联网舆情报告中指出，中国社会正处于转型的特殊时期，社会各种利益诉求不断，互联网成为中国社会最大的舆论出口。尤其是以微博、微信与移动客户端为代表的新媒体平台，成为很多中国人了解新闻时事的重要渠道。报告显示，"九三阅兵"是 2015 年网络舆情热点第一名。

热度如此之高的"九三阅兵"在社交媒体与视频网站中的传播情况如何？本章将围绕"九三阅兵"在社交媒体与视频网站两大平台上的传播表现与效果，探究"九三阅兵"在大陆网络舆论场中有没有实现仪式化传播，如果有，其仪式化传播又具有什么特点。

研究数据来源于大陆三家权威网络数据发布机构。相关信息如下：

新浪微博数据。新浪微博数据是对新浪微博上数据的收集、整理、归纳和集成。新浪微博会对用户的发微博数量、主页访问量、被评论数、转发数量、互动粉丝数、被关注的粉丝结构、日热搜数量等在微博上发生的数据关系与浏览信息做出统计与分析，便构成了新浪微博数据。

清博大数据。它是对新媒体进行第三方评估，提供大数据、指数等相关资讯的专业舆情服务公司。

人民网舆情数据中心。该中心是中国大陆最早从事互联网舆情监测、分析、预警、评估与应对的专业机构，是中国大陆具有官方性质的权威舆情数据监测中心。

此外，文章也参考了一些可靠的网络数据发布平台及已有相关研究二手数据。

（一）社交媒体中的仪式化传播

1. "九三阅兵"在社交媒体传播的概况

新浪账号"微博小秘书"在 2015 年 9 月 4 日 21 点 24 分发布的数据显示，阅兵当天有 2151 万人参与讨论，阅兵微博总讨论量达 3563 万条，阅读总量达146 亿人次，阅兵微博获得点赞次数达 2.159 亿。在 9 月 3 日阅兵仪式进行中，

---

①　人民网舆情检测室是中国官方互联网舆情监测中心，具有权威、公开、及时的舆情监测特征。具体来源：《2015 年互联网舆情分析报告》，http://yuqing.people.cn/GB/392071/401685/。

网友"@周顾北的周"贴出周恩来总理 1968 年在天安门城楼上紧缩双眉的照片，帖文仅一行字："这盛世，如你所愿。"这条微博转发量达 100.3 万，收获评论 4.3 万条，点赞 51.0 万[①]。

通过清博大数据新媒体指数[②]平台进行信息挖掘发现，阅兵期间微信平台共发布文章 7.74 亿项，总阅读数达到 1.79 亿，其中点赞数在 5000 及其以上的文章共有 23 篇。"九三阅兵"在微信用户的朋友圈一度刷屏。

微博与微信中规模如此之大的传播盛况是"九三阅兵"在社交媒体中传播的缩影。

2. 以微博平台为例

截至 2015 年 6 月，中国微博客用户规模为 2.04 亿，网民使用率为 30.6%，手机端微博客用户 1.62 亿。与微信具有"私密性"精准传播的特点不同，微博作为公开发表言论的社交平台，更易获取网友关于"九三阅兵"这个话题的参与和互动情况。该事件在微博平台上的传播也具有典型性和代表性。

人民网联合新浪微博数据中心发布的"九三阅兵"70 周年网民情绪数据显示，2015 年 9 月 3 日 8 点 30 分至 2015 年 9 月 3 日 12 点 30 分，微博前十大热门话题，依次为："习近平宣布将裁军 30 万"（30273 人次讨论）、"9·3 天安门阅兵"（28040 人次讨论）、"向老兵致以最崇高的敬意！"（19584 人次讨论）、"抗日战争胜利纪念日"（18652 人次讨论）、"抗日战争胜利纪念日，缅怀"（17584 人次讨论）、"今天，无论你在何处，请，"（16745 人次讨论）、"今天，大阅兵！此刻，一起"（15577 人次讨论）、"英姿飒爽！看中国军人风采"（12457 人次讨论）、"这一刻，美丽的天安门广场"（10056 人次讨论）、"装备方队正整齐入场"（10036 人次讨论）[③]。

首先，十大热门话题的讨论人次有近 18 万之多，说明网民聚集在了网络舆论场上，实现了观看"九三阅兵"的"在场"；其次，网友发布的内容围绕"习近平宣布裁军 30 万""9·3 天安门阅兵""老兵""英姿飒爽中国军人风采""这一刻，美丽的天安门广场""装备方队正整齐入场"等方面，说明了网民们参

①　资料来源：新浪微博数据，https://weibo.com/1642909335/Cz7X5vrqp?type=comment#_rnd 1519742884840。

②　清博大数据新媒体指数是中国新媒体大数据第一平台，世界互联网大会网络公益发起单位。

③　资料来源：人民网、新浪微博数据《九三阅兵网民情绪展示》，http://93ucyuqing.people.cn/index.html#0-tsina-1-90400-397232819ff9a47a7b7e80a40613cfe1。

与到对"九三阅兵"的关注之中，并且产生了不同关注的焦点；最后，"向老兵致以崇高的敬意""缅怀""此刻，在一起""我想说也很爱国，一大早起来看阅兵"等非常有感染力的内容往往能收获大量转评，围绕话题的情绪迸发，网民形成了联合在一起的团体，实现了情绪、情感、价值观、意识形态等的共享。

（二）视频网站中的仪式化传播

1."九三阅兵"在视频网站传播的概况

"九三阅兵"当日，中国大陆视频网站主要以转播主流媒体的直播的方式参与传播。中国各大视频网站优酷、爱奇艺、腾讯视频、搜狐视频、乐视视频、土豆、中国网络电视台、PPTV聚力、芒果TV和哔哩哔哩等都进行了实况的转播，将"九三阅兵"的现场画面传递给受众，以实现将大众聚集在一起观看的功能。

2.以弹幕视频为例

弹幕视频是指在观影过程中具有实时吐槽评论功能的视频，因文字从屏幕飘过去，在效果上看来像是飞行射击游戏里的子弹而得名。截至2015年9月，弹幕视频网站在中国活跃人数达289万左右[1]。与传统视频网站不同，弹幕视频凭借强大的即时互动性与共同叙事价值观[2]形成了网络视频网站的独特社区。因此研究"九三阅兵"在弹幕视频网站上的传播，可见该事件在视频网站中传播情况的一斑。

以Acfun弹幕视频网站为例，《9·3纪念抗战胜利70周年阅兵全场视频》，自2015年9月3日至2015年11月3日，观看次数达3115次，弹幕总数达14004条[3]。

首先，弹幕总数说明弹幕视频网站聚集了网民的围观。视频的观看次数是从2015年9月3日至2015年11月3日近两个月的观看量的总和，达到了"即时在场"与"延时在场"的相结合。由弹幕数也可以看出网友的参与和互动。从"我来了""没有电视还刷网络""打卡""我来增加弹幕""开始啦"这些表示自己参与围观的语言中，可以反映出网友的参与感。其次，"中国军人好

---

[1] 资料来源：易观智库《2015年中国弹幕内容市场专题研究》，http://www.ce.cn/culture/whcyk/cysj/201601/27/t20160127_8584262.shtml。

[2] 杜伟伟：《仪式传播弹幕视频互动话语研究——以"纪念中国抗日战争胜利70周年阅兵式"视频为例》，重庆：西南政法大学，2016。

[3] 资料来源：杜伟伟硕士毕业论文《仪式传播弹幕视频互动话语研究》，西南政法大学，2016年。

帅""习大大好帅""老兵"等这类关于阅兵仪式内容的弹幕则说明了网友集中在对"九三阅兵"现场的关注。最后，弹幕刷屏说明网友实现了情感共享。诸如"中国万岁""光荣的中国人""好激动啊""扬我国威""我爱你中华"等表达在某一时刻占满视频屏幕，可见网民围绕"九三阅兵"传达出了万众一心的爱国情感，并创造出集体兴奋。

由此可见，网友在视频网站中形成了集体围观，无论"即时在场"，还是"延时在场"，都对同一件事情——"九三阅兵"投入了关注，并且通过弹幕的形式，将情感跃然银屏，表达出共同的信仰，这种信仰便是"爱国"，最终，创造出集体围观的存在感和兴奋感。

综合本章研究，可得"九三阅兵"这一纪念性事件在大陆网络舆论场中很容易地实现了仪式化传播。"在场""关注"和"共享"在大陆网络中随处可见。网民的万众一心、昂扬斗志、同仇敌忾，更说明"九三阅兵"在大陆网络舆论场中实现了激发民族情怀，凝聚中华儿女，强化国家精神力量的仪式传播的目的。"九三阅兵"在大陆网络舆论场中的传播形成了一种标准式的仪式化传播。

第三节 "九三阅兵"在台湾网络舆论场的仪式传播

本章研究的大数据来源于以台湾意蓝 OpView 社群口碑数据库为基础。台湾意蓝 OpView 社群口碑数据库是台湾最大的云端网络舆情观测中心之一，具有上百云端主机，涵盖台湾九成以上的社群流量，自 2012 年起，累积数亿笔社群大数据[①]。OpView 社群口碑资料库数据显示，从 2015 年 9 月 1 日至 2015 年 9 月 6 日，"九三阅兵"在台湾网络舆论场中的声量数达 4.5 万则，涵盖网络新闻、社群网站、讨论区三大台湾网络区域，并挤进台湾 2015 年度二十大热门话题榜。

在台湾获得话题热度的"九三阅兵"，在台湾新闻媒体网站与视频网站中的传播情况如何？本章对比课纲微调议题和"九三阅兵"议题的网络声量数和声量分布、网络新闻报道的点阅数和回文数、以及视频网站的点播量和评论数，探究"九三阅兵"在台湾网络舆论场中有没有实现仪式化传播，如果有，其仪式化传播又具有什么特点。

---

① 邹振东：《大数据视域下的 2015 年台湾网络舆论场》，《台湾研究集刊》，2016，（6）：27—28。

OpView 口碑资料覆盖整个台湾互联网。本研究将资料时间范围限定在 2015 年 9 月 1 日至 2015 年 9 月 6 日。数据包括新闻主文和回文、社群网站（包括 Facebook 主文和回文）和讨论区（包括 PTT 主文和回文）。首先，研究会形成抓取"九三阅兵"事件有关数据的监测方案，获得初步资料后，以机器算法和人工相结合的方式除去不相关的广告和杂讯后，共得到 45394 则声量。OpView 社群口碑资料库对相关社群大数据常用词汇的定义如下：

声量数。表示命中关键词的网络社群或新闻文章的篇数。声量计算包括"主文"即原始发文或是新闻，与"回文"即网友响应主文之文章、留言。

来源。来源包括社群网站、讨论区、部落格、新闻。其中，社群网站指以个人形象、品牌经营为出发点，有互动性、人脉联系（私讯、加好友、追踪），能帮助话题的扩散、转载。讨论区是指具有分类版块的公开讨论空间，多数具会员等级和权限。新闻指新闻媒体官方网站。

网站频道。网站频道为网站下各个版（讨论版）。如：社群网站（社群网站即来源）中的 PTT（PTT 即网站）的八卦版（八卦版即频道）。

（一）"课纲微调"与"九三阅兵"的比较与分析

1. 议题的可比性

"课纲微调"议题与"九三阅兵"议题具有可比性：

第一，二者都处于相同的网络舆论环境。从时间上来看，"课纲微调"议题和"九三阅兵"都发生在 2015 年。"课纲微调"议题是台湾本岛事件的舆论议题，"九三阅兵"议题是大陆事件在台湾的舆论议题。将两个议题放在一起比较，是对"九三阅兵"在台湾网络舆论场中的传播进行横向维度上的考量，更加能阐明作为一个仪式本体的事件在跨舆论场传播中是否具有仪式化传播，仪式化传播的突出特征又是什么。

第二，两件事都是与国家认同有关。"反课纲微调"是台湾岛内爆发的大规模学生反抗台湾当局微调高中课纲（指在台湾地区，中国国民党上台后决定将民进党执政时塞入教科书中的"台独"思想改过来，强调台湾是中国的一部分，两岸同属一个中国）的学生运动。从研究的范畴来看，"课纲微调"议题与"九三阅兵"议题都涉及对大陆形象认知与国家认同。

第三，他们都是台湾意识/中国意识议题。从议题的性质来看，"课纲微调"议题与"九三阅兵"议题都是属于"台湾意识/中国意识议题"。邹振东关于台湾舆论议题的研究中，认为"台湾意识/中国意识议题"中有三个舆论主轴的冲突与交锋，它们分别是"台湾人"与"中国人"的身份认同议题、"去中国化"与"反去中国化"的文化认同议题和"爱台湾"与"卖台湾"的情感认同的议题①。在"课纲微调"议题的争论中，"意识形态"实际引起台湾网友更大的争议，"叛国""我是台湾人"等相关字眼层出不穷。"九三阅兵"事件中，台湾网友对连战参加大陆阅兵争议最大，"卖国贼""还是不是台湾人"等字眼形成网络声浪大潮。由此可见，"课纲微调"议题与"九三阅兵"同属一个性质的议题。

2. 具体比较与分析

第一，网络声量数的对比。OpView 社群口碑资料库数据显示，"课纲微调"议题在台湾网络的声量数达 75 万则。"九三阅兵"在台湾网络的声量数达 4.5 万则②。虽然议题搜索的时间跨度不一致，但搜索的起止时间几乎包含了该议题从发生到结束的完整跨度。显然，"课纲微调"议题的声量远高于"九三阅兵"议题。

第二，网络讨论声量的分布对比。"课纲微调"议题中的三大热门事件"夜袭教育部""学生轻生"和"教长与学生座谈会"（见图 5-2）的讨论声量都集中在 BBS 论坛，以"PTT 八卦版"的传播速度最快，且讨论热度持续排名第一，而 Yahoo 新闻的 FB 平台的传播速度相对较慢，事发隔天才开始发酵（见表 5-1、表 5-2、表 5-3）。"九三阅兵"中引发网络声量高潮的"连战参加大陆阅兵"话题的讨论声量则是集中在新闻媒体网站及其 Facebook 粉丝专页（见图 5-3）。可见，"课纲微调"议题的讨论主区是 BBS 论坛，"九三阅兵"议题的讨论集中在新闻频道及新闻社群中。

---

① 邹振东：《台湾舆论议题与政治文化变迁》，北京：九州出版社，2014 年，第 116 页。
② 数据来源：台湾意蓝 OpView 社群口碑资料库。

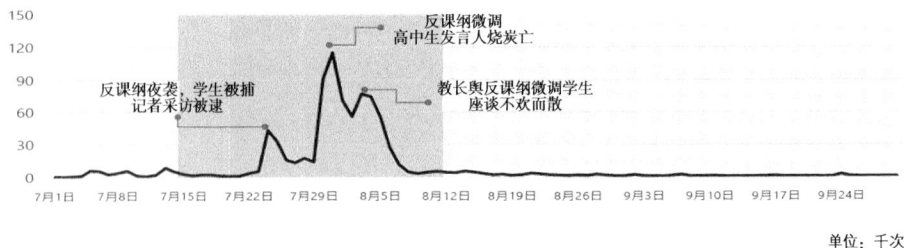

单位：千次

图5-2：2015年7月1日至9月24日"课纲微调"议题声量趋势图 [1]

从2015年7月1日至9月24日"课纲微调"议题声量趋势图中可以看出"课纲微调"议题在台湾网络舆论场中引发了持久的讨论，讨论出现了三次高峰期，分别是"反课纲夜袭，学生记者被捕""反课纲微调，高中生烧炭亡"和"教长与反课纲微调座谈不欢而散"。然而，我们从表5-1、表5-2和表5-3来看三件事件发生的当日与隔日，排名前三的主要平台的讨论声量数，可以得出：三件事件发生的当日，全都以PTT讨论声量最大。而新闻媒体网站及其Facebook粉丝专页的讨论声量皆低于PTT讨论区。可见在"课纲微调"议题中，新闻媒体网络平台及其粉丝专页的聚集程度不如论坛高。

表5-1："夜袭教育部"三大平台事发当天与第二天声量数表 [2]

（单位：则）

平台 \ 时间	7月24日	7月25日	总计
Ptt（Gossiping版块）	11023	5836	16859
Yahoo新闻（生活频道）	4438	3641	8079
FB（Yahoo奇摩新闻粉丝圈）	2867	4602	7469

---

① 资料来源：台湾意蓝资讯，"课纲微调"议社群口碑资料库，2015年8月。
② 资料来源：台湾意蓝资讯，"课纲微调"议社群口碑资料库，2015年8月。

表5-2："学生轻生"三大平台事发当天与第二天声量数表[①]

（单位：则）

平台 ＼ 时间	7月30日	7月31日	总计
Ptt（Gossiping 版块）	30761	32439	63200
Yahoo 新闻（生活频道）	7064	7810	14874
FB（Yahoo 奇摩新闻粉丝圈）	4401	6094	73495
苹果日报（即时新闻版块）	5319	5419	10738

表5-3："教长与学生座谈会"三大平台事发当天与第二天声量数表[②]

（单位：则）

平台 ＼ 时间	8月3日	8月4日	总计
Ptt（Gossiping 版块）	14130	14199	28329
Yahoo 新闻（生活频道）	5601	4256	9857
FB（Yahoo 奇摩新闻粉丝圈）	7660	6360	14020

在意蓝 OpView 社群口碑资料库中搜索"九三阅兵"议题："九三阅兵"相关网络声量集中于社群网站和新闻，社群网站的讨论声量约占整体的45%，而新闻网站的新闻露出与其讨论串声量共占整体声量的38%，讨论区仅占17%，并且在依声量排出前十大热门频道后，发现有90%的热门频道属于新闻网站。从下图"九三阅兵"议题声量趋势来看，关于"九三阅兵"的讨论从开始到高潮再到回落的时间段较为集中。其中讨论声量最高的2则话题均来自"Yahoo!奇摩新闻"的 Facebook 粉丝专页，内容主要为关于连战出席中国阅兵，遭控内乱外患罪的新闻报道，引起众多网友响应，声量达1695则。由此可见，"九三阅兵"在台湾网络的传播中，新闻媒体网站及其粉丝专页的聚集程度高于论坛。

---

① 资料来源：台湾意蓝资讯，"课纲微调"议社群口碑资料库，2015年8月。
② 资料来源：台湾意蓝资讯，"课纲微调"议社群口碑资料库，2015年8月。

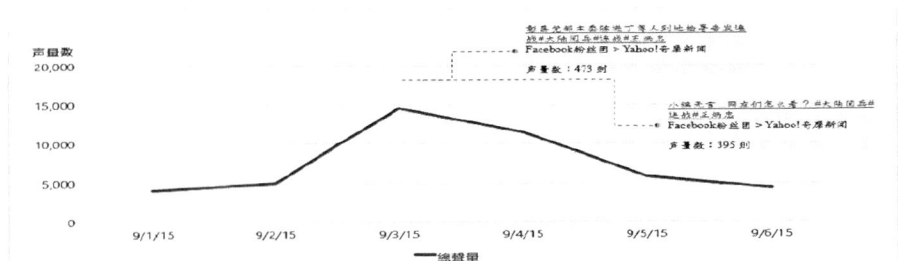

（单位：次）

图 5-3："九三阅兵"议题声量趋势图 [①]

媒介的时空特性本身为"在场"与"重新聚合"提供了可能。"课纲微调"议题在台湾网络形成了聚集，并有着对三个热点事件的关注，PTT 讨论区中的讨论可能是在场观看了新闻报道后在另一个空间而形成的重新聚合，某种程度上可以反观其具备了"在场"，因而可得"课纲微调"议题形成了仪式化传播。而"九三阅兵"议题在台湾网络中同样也形成了围观，网友聚集在不同的区域中对其展开讨论、互动，并且产生了对热点事件的聚焦，这种集中恰恰是"在场"的证明，由此可得"九三阅兵"议题在台湾网络舆论场中的传播同样具有仪式化。

从跨舆论场的角度来分析"课纲微调"议题与"九三阅兵"议题，则作为台湾本土事件的传播与台湾非在地事件的跨舆论场的传播具有明显的空间聚合差异，这种差异的直接体现就是舆论空间的不同。"课纲微调"议题的讨论不仅限于新闻渠道，而是大量转移到了 PTT 讨论区。"九三阅兵"事件中，网友则聚集在新闻频道及社群平台进行讨论。在台湾网络舆论场中有着不同的区域，例如新闻频道、社群平台、讨论区，"课纲微调"议题和"九三阅兵"议题正是在这些区域空间中各自聚集着。这种集中也正是争夺关注而形成的在不同空间领域中的聚合。可以说，台湾本土事件"课纲微调"的仪式化传播，以 PTT 讨论区为主要聚集地，新闻报道带去的"关注"并未大量的在当下就集中在新闻频道中进行反馈，而是转移到 PTT 讨论区，甚至是事后才分散在 Facebook 上进行二次发酵；而作为大陆纪念性事件同时兼具台湾非在地事件的"九三阅兵"以新闻频道及其社群平台为主要聚集地，"关注"在这里"爆发"，并第一时间大量大批的在这里得到响应。从这一点上来看，"九三阅兵"事件在跨舆论场传

---

① 资料来源：台湾意蓝资讯，大陆"九三阅兵"口碑资料库，2018 年 2 月。

播中对主要媒介的选择不同于部分台湾本地事件。

由上可得，在"九三阅兵"与台湾本地相关议题的比较中，"九三阅兵"在具有仪式化传播的基础上，从跨舆论场传播的角度来看，"九三阅兵"事件相较于部分台湾本土事件，新闻媒体及其粉丝专页对大陆纪念性事件的聚集效果更佳突出，在跨舆论场传播中似乎更容易实现由新闻带来的当下的"在场"与即刻的"关注"，并形成了与部分台湾本地事件在地传播的舆论空间差异。

（二）新闻网站与视频网站的呈现与分析

1. 频道选择的依据

选择新闻媒体网站与视频网站的主要依据是：新闻媒体网站和视频网站都是台湾网民获取"九三阅兵"相关信息最直接和最主要的方式。新闻媒体网站和视频网站都具有大众传播的功能，并具备互动条件。二者在符合大众传播的四大功能——守望功能（呈现公众的人物、事件）、协调社会功能（强化社会规范、凝聚共识）、教育功能（凝聚社会）和娱乐功能（逃避烦恼）[1]的基础上，同时具有新媒体介质所特有的实现互动的功能。从这一点出发，比较网络新闻报道的点阅数、回文数和视频网站的点播量、评论数，可以得出点阅数与回文数关系，点播量与评论数关系，进一步探究新闻媒体网站与视频网站对"九三阅兵"的传播情况。

新闻媒体网站网络新闻报道点阅数与回文数从 OpView 社群口碑资料库抓取。筛选方法如下：按照新闻来源对大数据进行区分，再以点阅数进行筛选，得出排名前五的关于"九三阅兵"的新闻报道（详见下文）。视频网站的视频点播与评论数以台湾 Youtube 视频网站检索结果为主。台湾当局禁实况转播阅兵，7 家电视台通过插播画面进行了转播与报道[2]。部分电视媒体选择在视频网站进行转播或插播。而 Youtube 是全球最大的视频分享网站，同时也是台湾地区的主要视频观看网站。在 Youtube 搜索"九三阅兵"，大约有 9640 条结果，其中包括转播 CCTV 直播、中视新闻、民视新闻、52 家族中天 – 全程影音、三立 Live 新闻、东森新闻等。按照观看次数进行筛选，得出排名五的视频（详见下文）。

---

① 沃纳·赛佛林、小詹姆斯·坦卡德（著），罗世宏（译）：《传播理论：起源、方法与应用》，台北：五南图书出版有限公司，2000 年，第 398 页。

② 顾亚敏：《台湾官方禁实况转播阅兵，7 家电视台插播画面》，https://www.thepaper.cn/newsDetail_forward_1371666. 2015-09-04/2015-03-10.

2.具体呈现与分析

第一，对网络新闻报道的点阅数与回文数的比较。排名前五篇新闻，都来自中时电子报，五篇新闻分别为《解放军裁军 30 万"立委"：威胁不减反增》[①]（点阅 3839 次）《府驳连习会说法：正面与敌后战场都是国民政府领导》[②]（点阅 2922 次）、《大陆九三阅兵新式导弹成亮点》[③]（点阅 2800 次）、《谈台课纲习：再改下去孔子关公都是外国人》[④]（点阅 2012 次）和《连战看阅兵连办：有提"中华民国"哪有违反党章？》[⑤]（点阅 1773 次）。这五篇报道的回文数分别为：64 则、182 则、15 则、69 则和 127 则。这五篇网络新闻报道的回文总数占点阅总数的 3.4%。这五篇网络新闻报道的回文数占点阅数的比重，依次为 0.17%、0.63%、0.54%、3.4% 和 7.2%。其中《连战看阅兵连办：有提"中华民国"哪有违反党章？》的回文数占点阅数的比重高于总占比。《谈台课纲习：再改下去孔子关公都是外国人》的回文数与点阅数的比重刚好等于总占比。

从上面的数据可知，台湾网友聚集在网络区域中关注、围观"九三阅兵"，形成了相当规模的讨论。

第二，针对视频网站视频点播量与视频评论数的比较。Youtube"九三阅兵"观看次数排名前五的视频，分别为"Ryderyoshi737"发布的转播优酷胜利大阅兵[⑥]（298 万观看数）、"Youtube"转播 CCTV 直播阅兵[⑦]（73 万观看数）、"52 家族中天"转播的北京阅兵[⑧]（62 万观看数）、"中视新闻"转播的大陆 93 大阅

---

① 《解放军裁军 30 万 "立委"：威胁不减反增》，点阅数 3839 次，原文链接：http://www.chinatimes.com/realtimenews/20150903003232-260407。

② 《府驳连习会说法：正面与敌后战场都是国民政府领导》，点阅数 2922 次，原文链接：http://www.chinatimes.com/realtimenews/20150901002899-260407。

③ 《大陆九三阅兵新式导弹成亮点》，点阅数 2800 次，原文链接：http://www.chinatimes.com/realtimenews/20150903003143-260409。

④ 《谈台课纲习：再改下去孔子关公都是外国人》，点阅数 2012 次，原文链接：http://www.chinatimes.com/realtimenews/20150905002832-260409。

⑤ 《连战看阅兵连办：有提"中华民国"哪有违反党章？》，点阅数 1713 次，原文链接：http://www.chinatimes.com/realtimenews/20150904005191-260407。

⑥ 《4K 中国抗战胜利 70 周年〈胜利大阅兵〉八一制片厂 2015 China V-Day Parade 九三阅兵》，视频链接：https://www.youtube.com/watch?v=ltgo2D7MfhU。

⑦ 《庆祝抗战胜利 70 周年 9.3 阅兵完整版（国家领导 + 大阅兵）》，视频链接：https://www.youtube.com/watch?v=di2LPVF5NBU。

⑧ 《【全程影音】2015/9/3 北京阅兵｜China Military parade in Beijing 2015 FULL HD》，视频链接：https://www.youtube.com/watch?v=-JH37ujfn0U。

兵实况[①]（23 万观看数）和"中视新闻"以插播形式播出的大陆九三大阅兵实况转播特别报道[②]（15 万观看数）。这五个视频的评论数分别为：14,415 条、0 条、3595 条、2063 条和 497 条。由于"Youtube"转播的 CCTV 直播视频关闭了该区的评论功能，故该条视频下的评论数为零。除去"Youtube"转播 CCTV 直播这条视频，按百分比计算，其他四个视频的评论总数占观看总人次的 0.52%。这四个视频网站的评论数占点播数的比重，分别为：0.48%、0.58%、0.90% 和 0.22%。"52 家族中天"转播的北京阅兵、"中视新闻"转播的大陆 93 大阅兵实况两个视频评论数占点播数的比重高于总占比。

从上面的数据及统计结果可得，视频网站关于"九三阅兵"事件的传播内容获得了网民较高的关注度与参与度，在网络上形成了围观与在场。

"九三阅兵"在台湾网络新闻报道与视频网站中都产生了仪式化的传播。视频网站凭借自身庞大的观众点播基数，实现聚集的黏合度更高，仪式化的传播更为突出。

但是，因为网络新闻报道具有延时性，视频网站的实时转播具有及时性。网络新闻报道以消息类、专栏评论为主，报道的是已经发生过的事情。而视频网站的实时转播是转播正在进行或发生的事情，通讯技术上可能有稍微延迟，但并不影响其实时转播的进程。对于在网络新闻报道下进行的评论，这种评论有两种出现的可能，一种是观看过"九三阅兵"电视直播或转播，看到这篇新闻报道，才进行的评论，另一种是只看过这篇新闻报道，针对报道内容进行的评论。对于在视频网站下转播的评论也有两种出现的可能，一种是同时进行观看，边观看边评论，另一种是"九三阅兵"已经结束，网友回看转播，然后进行的评论。

台湾网友评论数量的庞杂与语言表达的复杂性，使得对区分当下"参与"与事后"参与"具有挑战性。但无论是新闻媒体网站还是视频网站对"九三阅兵"的传播，都可以打破传播对时间、空间的阻隔，实现即时性或延时性的参与。从这一角度来理解，这种参与是另一种维度上的"在场"。

综合本章研究，可得"九三阅兵"这一纪念性事件在台湾网络舆论场中，实现了仪式化传播，并且以"即时在场"与"延时在场"构成了"九三阅

---

① 《【中视新闻】大陆 93 大阅兵 实况转播 9/3(四) 10:00~》，
　视频链接：https://www.youtube.com/watch?v=tt-wDew7ISQ。
② 《【中视新闻】大陆九三大阅兵 实况转播特别报导 Part 2 (无广告)20150903》，
　视频链接：https://www.youtube.com/watch?v=la-Blkbm62k。

兵"在台湾网络舆论场中的仪式化传播。在跨舆论场传播中，新闻媒体及其Facebook 粉丝专页对大陆纪念性事件的聚集程度高，并形成了有别于部分台湾本土事件在地传播的舆论空间差异。与此同时，视频网站凭借同步性的优势，可以达成对台湾网民的当下"在场"，也可以同网络新闻一起打造出另一种维度上的"在场"，以实现对事件的关注与互动。

第四节 "九三阅兵"在台湾网络中传播信息的内容分析

信息传播包含了传播主体、传播受众、传播渠道、传播内容、传播效果五个传播要素[①]。"九三阅兵"可以被视为通过电子媒介传递信息，克服距离限制，影响受众认知、态度与行为的传播活动。本章节对台湾意蓝 OpView 社群口碑资料库数据中"九三阅兵"相关信息进行内容分析，对其在台湾网络中的信息传播特征进行简要描述与分析，以此来总结"九三阅兵"在台湾网络中的传播情况及特征。

这部分研究目的是回答"九三阅兵"在台湾网络的传播中，备受关注的内容是什么，这些被关注的内容又具有什么特征，而台湾网络对这些内容的表达方式是什么，表达方式中的情绪风格又是如何。

（一）研究设计与研究过程

1.资料来源抽样

之所以使用台湾意蓝 OpView 社群口碑数据库"九三阅兵"有关数据，原因如下：一，台湾网络汇集了台湾新闻网页、社群网站、讨论区等各类网络资讯及互动消息，民情、民意、民声在这里畅谈无阻，因而成为探索"九三阅兵"在台湾网络中传播效果的重要集散地与舆论场；二，台湾意蓝 OpView 社群口碑数据库是台湾岛内最具规模的社群媒体观测平台，以先进的自动化语意技术和云端架构为基础，提供全方位的网络口碑观测与分析服务，作为台湾岛内拥有最成熟、采用客户信息最多的搜索引擎，它成为本文抓取及挖掘数据信息的可靠选择。

2.信息时段抽样

第一，对节点的选择。"九三阅兵"的电视直播时间为 2015 年 9 月 3 日上

---

① 余绍敏：《传播学概论》，福建：厦门大学出版社，2003 年，第 6—7 页。

午十点到十二点，近100分钟。由于台湾网络传播的特征，本研究所研究的不单单局限于活动当天的现场直播，而是聚焦于该纪念性事件在一段时间内对受众注意力的吸引及议题的呈现，故此以2015年9月3号为中间点，选取前后共6天（2015年9月1日至2015年9月6日）作为收集资料的区间。

第二，样本量的抽样。1.抽样总体。2015年9月1日至2015年9月6日台湾网络声量（声的具体内容包括信息标题、内容、来源、来源网站、发布时间、讨论串则总数、点阅数，发布者）。2.研究总体。2015年9月1日至2015年9月6日台湾网络中所有有关大陆"九三阅兵"的声量。3.抽样具体过程。第一步，借助台湾意蓝OpView社群口碑数据库观测网友及公众媒体在网络上的数字足迹，采用关键词的方式来搜集数据。根据政治社会类议题过往检索的经验，排除包含较多广告或无关资讯的网络区域，将研究的数据范围锁定在网络新闻、社群网站和讨论区，以"九三阅兵"为关键词，排除无关信息或文章，检索共得45394条声量（声量计算包括新闻报道与所有网友回复）。第二步，对样本总量45394则声量按照每日声量条数统计，得出每日声量数，分别为9月1日4144条，9月2日5059条，9月3日14576条，9月4日11504条，9月5日5809条，9月6日4302条。

3.信息内容单位抽样

第一步，为确保选取样本数能覆盖每日声量，运用分层抽样的方法，按照选取150个样本总数来计算，则9月1日至9月3日，每天抽取样本所占百分比分别为9.1%、11.1%、32.1%、25.3%、12.8%和9.5%，对应的抽取条数（按四舍五入取整）为14条、17条、48条、38条、19条和14条。

第二步，以讨论串则总数（即讨论量）按高到低排序，在第一步的基础上，抽取2015年9月1日至2015年9月6日讨论量靠前的声量数，并且将本研究的范围限定在"内容"（发布者主要信息内容）。

第三步，类目的建构是内容分析的核心，建构的类目应充分反映研究主旨、完整穷尽且独立互斥[①]。本部分研究的主要类目，即一级类目为传播内容。一级类目下的二级类目包括议题内容类型、议题内容领域、议题内容性质和议题表达风格。其中议题内容类型包括信息的传播、意见和情绪表达、普及知识、行

---

① Wimmer, R. D & Dominick, J. R. Mass media research: Anintroduction(8thEd.)[M]. Beijing: Tsinghua University Press，2006.

动动员 ① 和其他；议题内容领域包括政治、经济、军事、对外关系和其他；议题内容性质指新闻性质、评论性质和其他，议题表达风格包括戏谑嘲讽、严肃生硬、幽默有趣和其他。

议题内容类型设置为"信息传播、情绪和意见表达、知识普及、行动动员"与其他。信息传播指对大阅兵的当下现场、仪式过程、相关事件和人物等的传播；情绪和意见表达包括对"九三阅兵"流程安排、现场情况、直播再现的情况、相关人物甚至对阅兵本身及由此引发的相关议题的意见、态度、情绪的表达；知识普及包括对阅兵现场出现的武器装备、先进技术等知识的介绍，也包括对反法西斯历史、人物、参与阅兵人员等的介绍；行动动员指由"九三阅兵"这一事件及由此引发的相关议题出发对个人、企业、组织、团体、政府等进行的行动呼吁和动员；其他指不涉及以上内容的信息。②

议题内容类型主要指政治、经济、军事、对外与其他。政治指与两岸相关的政治话题，如两岸历史相关政治话题（如涉及台湾殖民统治时期、国共时期）、台湾当局政治，大陆政治等，例如"共产党""国民党""民进党""主席""总统"等字词或表述；经济指与两岸相关的经济话题，如大陆经济发展、台湾岛内经济现状、民生、政策等；军事主要指与两岸相关的军事话题，其中以阅兵为主，涉及相关军事其他话题，如阅兵方阵讨论、老兵、裁军或"台湾军人节"和"台湾军队"等；对外关系指与大陆、台湾相关的对外话题，如日本、菲律宾、南海等字词或相关表述，其他则指不属于以上内容的其他相关领域。

议题内容类型性质主要指新闻性质和评论性质。新闻性质指新闻报道类型，通常可见简短标题陈述类型，如大陆隆重举行阅兵、连战出席大阅兵现场等；评论性质指对阅兵及其相关话题的意见性表达，如"自以为支持中华民国不等于支持台独的傻瓜拼命对中国人连战鬼叫真是莫名其妙"。

议题内容风格主要指戏谑嘲讽、严肃生硬、幽默有趣与其他。戏谑嘲讽指偏向于贬义的表达，带有质疑与调侃之意，常用反问的表达方式、对话式表达或与之相关的语气词陈述，例如："真的好吗？""连爷爷请你滚回台湾好吗？""呵呵"等。严肃生硬指用陈述性的表达方式，表达直白、用词严苛。例

① 王爱玲、丛雅清：《转化性重构：微博平台"媒介事件"的话语结构转变——以新浪微博"9·3大阅兵"的信息传播为例》，《新媒介研究》，2016，（20）：51。
② 王爱玲、丛雅清：《转化性重构：微博平台"媒介事件"的话语结构转变——以新浪微博"9·3大阅兵"的信息传播为例》，《新媒介研究》，2016，（20）：51。

如，"国共抗日是严肃的历史"等表达；幽默有趣指语言风格生动的表达，这里偏向中性或褒义的表述，常常可见借代、比喻等修辞，其他则为与上不符的其他表述方式。

4. 编码信度检测

本研究聘请集美大学两位本科生担任编码员进行编码。在对 150 篇最终研究样本进行编码前，抽取 10% 的样本，即 15 个样本进行两次编码信度检测（主要包括整体信度监测与主要分析类目信度监测）。由于本研究聘请两位编码员进行编码，故此适用 Scott 指数[①]（当指数大于等于 0.7091，则信度高）。本次信息检测使用信度分析在线工具[②]进行分析检测。

第一次信度检测，通过立意抽样的方法，抽取 15 则声量进行试编码，根据检测结果来改善编码表中相关操作定义的表述、选项的互斥与穷尽。第二次信度检测，再次抽取 15 则声量进行编码，得到结果如下：整体信度 0.951，议题内容类别 0.904、议题内容领域 1、议题内容性质 1、议题表达风格 0.9。虽有个别类目涉及较为复杂的判断，依信度监测结果显示，大部分的类目编码信度仍然较高，符合内容分析的信度要求。

（二）研究结果与研究分析

1. 议题内容类型

运用 Stata 对议题内容类型进行统计，得到结果为，议题内容的信息传播、知识普及与行动动员所占比例不到 3 成，而情绪和意见表达高达 76%。

表 5-4：变量 1（议题内容类型）基本统计信息数值表

选项	类型	频率（次）	百分比（%）	累计百分比（%）	观察值
1	信息传播	29	19.33	19.33	
2	情绪和意见表达	114	76.00	95.33	150
3	知识普及	1	0.67	96.00	
4	行动动员	6	4.00	100.00	

可以判断，"九三阅兵"在台湾网络中的传播主要以情绪和意见的表达为主，而关于"九三阅兵"事件本身的信息传播、知识普及和行动动员则较少。

① 曾秀琴、张楠：《新闻传播学统计基础》，福建：厦门大学出版社，2015 年，第 291—298 页。
② 信度分析在线工具是由 Deen.Freelon, Assistant Professor, American University School of Communication 提出的，在线网址为 http://dfreelon.org/utils/recalfront/。

"日本统治台湾五十年，被李登辉公开声明日本是祖国，那明清两朝管理台湾超过两百年，不知那算什么？"

"今日民进党对于皇民李登辉的发言不作表态，反而间接认同，而连战只是去大陆看阅兵，就被民进党轰的像猪头，不知民进党的标准在那里？"

"波多野维拉比扁维拉好用，转移了阿帕契、合宜宅弊案、募兵失败、连战中国阅兵、联共抗日说，国民党真是好棒棒！"

"看到那飞弹（对着台湾一千多枚）行经阅眼前"

"缩减军人30万但军费增7%有没有搞错？"[①]

从上面的信息中可以看出，台湾网络中网友对"九三阅兵"现场情况的信息传播较少，网友对大阅兵的现场、过程、相关事件和人物等的描述相对较少，借由"九三阅兵"事件传达出的情绪和意见充斥网络。这种情绪和意见的表达本身就是对"九三阅兵"仪式的发生过程的关注与参与。通过观看才能了解阅兵正在发生什么，才能发表意见、表达情绪。虽然情绪和意见有不同的表述，甚至存在不同感情与意见的分歧，但正是因为这些分歧让网民们在围观中自然汇聚成了不同的群体，并在群体中分享情绪与体验，构成了一种"在场"。

2. 议题内容领域

运用 Stata 对议题内容领域进行统计，得到结果为，政治领域占 88.67%，军事、经济等层面的讨论则不到 20%。

表5-5：变量2（议题内容领域）基本统计信息数值表

选项	类型	频率（次）	百分比（%）	累计百分比（%）	观察值
1	政治	133	88.67	88.67	
2	经济	3	2.00	90.67	150
3	军事	13	8.67	99.33	
4	对外关系	1	0.67	100.00	

"九三阅兵"在台湾网络中的传播议题领域多集中在政治方面的讨论，其次是军事层面的探讨，而经济与对外关系领域的讨论则处于少数讨论。

"目前国际局势是美国帝国主义联合日本及南海小国搞乱中华民族，台湾是美国一个棋子而台湾又有改名换姓的日本皇民做怪，他们一直就想消灭中华民

---

① 文本摘自 Yahoo 新闻生活频道、Yahoo 生活综合频道、Yahoo 新闻地方频道、讨论区 168 理财网网友留言。

国，打击国民党，他们目标就是要当日本走狗，今大陆办抗日战争纪念阅兵，国民党不参加自己也不举办，不应该反对他人去，现在国民党的心态好像与皇民通气是一路，想要搞乱中华民族，国民党平常不敢讲中国人，抗日战争纪念日也反对，我看国民党再这样走下去只有死在台湾，看看这几年的下场，还不知觉醒以后只有玩完结局。"①

类似上面一段网络引文在台湾网络中出现频次多。内容大多集中在对两岸历史相关政治话题、台湾当局政治，大陆政治等问题的讨论，还会涉及台湾殖民统治时期、国共抗战时期等话题。"共产党""国民党""民进党""主席""总统"等字眼也经常出现在话题的讨论中。

"今天真是一个开心的日子，因为国企股没有跌（没开盘啊），所以明天的净值应该不会有太大的变化才对啊。不晓得今天中国的阅兵部队可不可以经由沪港通开拔到香港去支援国企股"

"台湾年轻人低薪及纳税人的钱"②

关于经济领域，台湾网络的讨论多着眼于与大阅兵对目前股市的影响，也有部分网民由"九三阅兵"事件转移到对大陆经济发展、台湾岛内经济现状、民生、政策等议题的讨论。

"泱泱大国民党，能屈能伸，全力支持宋，救台湾，福气啦！看中国阅兵，台湾立刻停止军购，停止当兵，解散军队，省下钱投入劳健保，做好社会福利啦！"

"中共阅兵军容盛大，唯有一中同表，才是唯一活路。"

"93 唔系 ROC 军人节"③

而关于军事方面的讨论，除了对"九三阅兵"现场亮相的武器装备的讨论，更多是由此涉及相关话题，例如"老兵""裁军""台湾军人节""军购""军事力量对比""威胁"等。关于涉及对外关系的讨论，则更多集中"日本""菲律宾"等。

台湾网络对"九三阅兵"的传播是一场对大陆"九三阅兵"纪念性事件的仪式化传播。无论围绕议题讨论的内容属于政治、军事，还是经济、对外，都

---

① 文本摘自 Facebook 洪秀柱粉丝团网友留言。
② 文本摘自 MoneyDJ 理财网讨论区网友留言。
③ 文本摘自 Yahoo 新闻生活频道、Facebook 洪秀柱粉丝团、Facebook 中国国民党 KMT 粉丝团网友留言。

是在对"九三阅兵"的围观之中进行的。分散在各个领域的关注，正是以利益、政治立场、媒体使用习惯等受众特征而区分开的不同群体的聚集。

3.议题内容性质

运用 Stata 对议题内容性质进行统计，得到结果为，新闻性质陈述型占 4%，评论性质表达占 96%。

表 5-6：变量 3（议题内容性质）基本统计信息数值表

选项	类型	频率（次）	百分比（%）	累计百分比（%）	观察值
1	新闻性质	6	4.00	4.00	150
2	评论性质	144	96.00	100.00	

研究结果表明，"九三阅兵"及相关议题内容在台湾网络中的传播多为评论性质的表达，而新闻性质的表达比重较低。

台湾当局禁止岛内各大电视台转播"九三阅兵"实况，但岛内的 7 家电视媒体依旧通过插播画面的形式呈现给了台湾岛内的民众。台湾网络的媒体评论多为评论性的表达。"今日是中华民国九三军人节。中华民国国民政府领导对日抗战，这样的史实不能抹灭、扭曲"。社群网站、讨论区的网友回复更是以评论性的发言为主，例如，"连爷爷不去，全世界媒体也会报中共阅兵，奇怪せ"等表述占据台湾网络大部分。新闻性质的陈述式少，仅可见"大陆国台办：连战应邀出席北京阅兵"类似的新闻标题式内容。

"九三阅兵"在台湾网络的传播以评论性的传播最为广泛，更容易引起讨论。以评论性话语为主要表达方式的网络围观，网络群聚，更是促成关注、参与的一种方式。

4.议题表达风格

运用 Stata 对议题表达风格进行统计，得到结果为：戏谑嘲讽占 38.67%，严肃生硬占 49.33%，幽默有趣占 12%。

表 5-7：变量 4（议题内容风格）基本统计信息数值表

选项	类型	频率（次）	百分比（%）	累计百分比（%）	观察值
1	戏谑嘲讽	58	38.67	38.67	
2	严肃生硬	74	49.33	88.00	150
3	幽默有趣	18	12.00	100.00	

"九三阅兵"及相关议题内容在台湾网络中的传播多以戏谑嘲讽和严肃生硬为主要基调，而幽默有趣则鲜少。

戏谑嘲讽的内容摘录如：

"要看连战肯不肯在阅兵台喊中华民国万岁肯定不敢喊吧哈哈哈"

"讲真话就被开除党籍了现在跑去敌对的地方阅兵不开除嘛"

"一个波多卡国民党就骂柯P怎么不见骂去花花公子派对的公子？一个李登辉是日本人国民党穷攻猛追怎么不臭骂去敌人家阅兵的爷爷这个烂党对国家有何贡献恐怕只剩当今茶余饭后人民公干的功能"[1]

严肃生硬的内容摘录如：

"连战与林丰正全上了阅兵席观看中国打台湾的飞弹；国民党若没开除连战、取消连战终身俸，副总统礼遇的话，国民党就别选了"

"党内最大的问题，是赤化"[2]

幽默有趣的内容摘录如：

"中国阅兵的意义重大，是展现保卫和平的示威，西方列强警惕，东方日本害怕，若日本敢动恐怕不是飞机对飞机，兵舰对兵舰，而是飞弹抹了它。中国不是醒狮，而是庄重温良的大象谁敢侵入"[3]

从上述三段摘录中不难看出网民关于"九三阅兵"议题讨论的表达风格，"戏谑嘲讽"类的内容中多带着语气词和反问词，如"哈哈哈""嘛""怎么不"等，而"严肃直白"风格的内容，更多是用到有极端含义的词语，如"最大"等。"严肃直白"风格的表述更多的是鲜明直接地阐述观点，大部分能显现出一定程度上的深入分析和逻辑思维。"幽默有趣"则是更多以中性立场，并不排斥大陆原先预设的价值观念和对两岸共同历史及中华民族身份的认同。通过语言表述风格可以察觉到情感的倾向性，更容易使同一个舆论场中的个体的情感受到相互影响，从而促成情感的共同分享。

综合本章的研究成果，可以回应本章开头提出的问题，"九三阅兵"这一大陆纪念性事件在台湾网络的传播是一场仪式化传播。台湾网络舆论场中关于"九三阅兵"本身的信息传播不多，也不集中，多分散在网友评论性的意见与情绪表达之中。风格以严肃直白和戏谑嘲讽为主。

---

① 文本摘自 Facebook 中国国民党 KMT 粉丝团网友留言。

② 文本摘自 Facebook 中国国民党 KMT 粉丝团网友留言。

③ 文本摘自 Facebook 中国国民党 KMT 粉丝团网友留言。

从中可以说明，台湾网络对"九三阅兵"也具有"在场"的参与，这种参与体现在意见与情绪的表达。纵然有着分歧与争议，但这种分歧与争议正体现了对大陆与台湾共同体的关注，而这种共同体既有认可性的共同体，也有相对性的共同体。认可性共同体是对两岸共同历史的认可，对中华民族的身份认同；相对性共同体是虽然两岸对大陆预先设定的价值观念存在分歧或争议，但这种分歧与争议是建立在两岸具有的共性历史、共有议题和共享标的物的基础之上。

不同传播内容的领域范围的集中，体现了不同受众群体的聚集，正是有着共同的关注才聚集在此，或讨论问题，或发表意见，或宣泄情感，并在共有的区域里共享群体所认同的价值、信仰与情感，从而达成在台湾网络中的仪式化传播。

第五节 "九三阅兵"在台湾网络中传播信息的文本分析

本章节主要以台湾新闻网站和社群网站/讨论区的文本内容作为研究对象。研究根据实际情况与技术条件，对两个来源的文本进行筛选以获得符合研究需求的文本内容，并对筛选所得文本内容进行分析。以"九三阅兵"为关键词，检索台湾意蓝 OpView 社群口碑资料库，根据口碑声量排行，得出"连战出席大陆阅兵"为阅兵当日居首的热门话题。故本章以"连战出席大陆阅兵"在台湾网络中的传播为主要研究内容，以从局部特征来窥探台湾网络中关于"九三阅兵"的传播情况及传播特征。

第一，新闻网站文本。研究根据台湾网络中的前十大新闻网站篇幅排名（见表 5-8），选取排名前五的新闻网站，同时在 YAHOO 奇摩上搜索相关媒体报道，在粗略剔除无关话题文本后，得到不完成统计文本 10 篇（见附录）。

表 5-8：台湾网络中的前十大新闻网站篇幅排名 [①]

排名	新闻网站名称	平均单篇字符	发文数（篇）
1	关键评论网	3034.1	9
2	YAHOO 奇摩理财	2155.4	12
3	PeoPo 公民新闻	2057.5	2

---

① 数据来源：台湾意蓝资讯，大陆九三阅兵议题社群口碑资料库，2018 年 2 月。

4	YAHOO 奇摩新闻专栏	1405.8	7
5	新新闻	1356	2
6	宅宅新闻网	1169	1
7	中国评论新闻网	1143.5	280
8	苦劳网	1120	1
9	天下杂志	113.7	7
10	民报	982.3	58

第二，社群网站 / 讨论区的文本。社群网站主要指 Facebook、新闻回文区、视频讨论区，即为网友的相关言论文本。Facebook 言论文本的筛选，以"连战"为关键词在台湾意蓝 OpView 社群口碑资料库中的内容部分与来源网站进行筛选，选取讨论数量最多前五条信息进行定位检索，然后将该条信息所在的讨论区的文本①进行研究。新闻回文与视频讨论区文本则选自前十大新闻网站篇幅排名中的文章回文与前五大视频点播量排名中的视频讨论文本②。

第三，补充文本。在上述对文本筛选的基础上，同时增加内容分析抽样的 150 则声量内容作为补充文本进行分析，从而使得文本来源更具多样化、丰富性与全面性。

文章主要讨论的问题是，"九三阅兵"在台湾网络的传播中，针对连战出席大陆阅兵一事，台湾网络的关注焦点是什么，争议又是什么。

（一）新闻网站报道的争议与分歧

从新闻网站的报道可以看出新闻网站对连战出席大陆阅兵一事多以评述性的语言来试图分析连战赴大陆阅兵"有没有资格""应不应该去"与"可不可以去"。报道的内容大多集中在连战的身份、出席的目的、出席的原因这三部分，并借由专家或政府机关人员的话语表述来建构整篇报道。

第一，关于连战的身份争议。新闻网站对连战以何种身份赴大陆参加阅兵表示争议，下文摘录中的"连战不但既非代表政府，也非代表国民党或者任何

---

① Facebook 讨论量最多的前五则均来自同一讨论，故将该讨论下的所有网友留言、评论作为研究文本。链接地址：http://www.facebook.com/permalink.php?story_fbid=873267802762520&id=79625599046370

② 该部分回文情况，由于信息庞杂，难以整理录入附件，故十篇网络新闻报道回文具体见附录新闻报道链接，前五个视频网站回文具体见前文视频链接，相应链接下方有具体的网友留言、评论及互动情况。

民意"这一表述，是对他有没有资格代表台湾，代表台湾政党，代表台湾人民去参加大陆阅兵的身份争议。而连战"国民党"的党籍身份和"前中华民国副总统"的政治印记是媒体争议其"应不应该，可不可以"去参加阅兵的另一种质疑。"会不会形同为对岸的抗战史观加以背书？"这又是对连战出席大陆阅兵而带来的后果表示担忧，是恐慌连战的出席等同于代表"国民党"承认大陆在抗战时期的领导地位。而从对连战夫妇在阅兵现场的坐席描述"第一排""临近外国元首""备受礼遇"，可以看出台湾网络媒体对连战赴大陆阅兵是否会被矮化也表示关注。

部分摘录如下：

"连战不但既非代表政府，也非代表国民党或者任何民意"

"他学了马总统的一招，表示自己是以'私人'身分前往（一如马总统很爱以'个人'身分提告一样），虽然我们都知道，曾经当过中华民国副总统的人，哪里有什么私人身分"

"总之，连战出席大陆'九三大阅兵'的事，是否身分不适宜？会不会形同为对岸的抗战史观加以背书"

"连战便与夫人连方瑀，分别戴着渔夫帽和遮阳帽，与新党主席郁慕明被安排在天安门城楼观礼。从中国官方发布的照片可见，连战夫妇与国民党前副主席林丰正坐在城楼第一排座位，邻近外国元首区，备受礼遇"①

第二，关于连战出席目的的争议。网络新闻媒体对连战赴大陆参加阅兵的目的，围绕商场生意、政治利益、两岸关系进行诸多猜测。一类是关于连战从个人到家族在官场中的失利之说，一类是维护其在陆生意说，另一类则是在围绕对两岸和平交流之说。其中，对于连战赴大陆参加阅兵是否会起到"有助于两岸和平交流"这一问题，在媒体的表述中，则更多的是以问句的形式呈现，"有什么正面意义""想完成什么使命""真的有助于吗"这类问句表达的背后，更多透露出的是媒体的质疑与诘问。这种质疑从另一个层面可以反观出媒体的政治立场。从这一角度，则又可以说明正是带有不同政治利益的媒体群体聚集在一起，围观这场阅兵仪式，关注两岸利益相关，关注政党议题相关，并发出属于利益群体的声音。

部分摘录如下：

---

① 文本摘自 Yahoo 奇摩新闻、苹果日报相关报道。

"很难明白国家主席习近平高调会见国民党荣誉主席连战，对于中共争夺抗日战争的正统地位，有甚么正面意义"

"这真是令人好奇，到底连战在坚持什么？想完成什么使命"

"资深媒体人蔡玉真则爆料指出，连战非得去中国不可，……因为近来……打贪甚为用力，而连家在中国的投资布局不少，若是不去，恐怕危险。虽说连战去中国未必是为了拉关系，巩固在对岸的生意"

"如今，政治角色易位，换连战即将登陆参加'九三大阅兵'以国民党对待李前总统的政治标准来看，连战的作为真的'有助于两岸的和平交流'吗"①

第三，关于连战出席原因的争议。部分网络新闻报道从连战自身在台湾政治博弈中的失利来对连战为什么要不顾各方争议执意要出席大陆参加阅兵进行猜测。不难看出，报道中对连战两次竞选惨败的表述用到"羞辱""心好痛"这类词语，可以说这是媒体将自身的情绪借报道这一渠道以一种嘲讽的意味来进行传播，媒体的态度、观点，甚至微妙的情绪都可以从这字里行间感受到。另一方面，媒体拿连战与陈水扁来比较，比家世出身，比学历家庭，连战作为"高贵血统"，却输给"三级贫户"，用"输给他瞧不起的人"来暗讽连战。媒体的这一比较，反映出台湾岛内由来已久的阶级矛盾。此举可以看出媒体以笑话的形式来调侃"连战两次竞选总统失利"，这不仅是对"连战出席大陆阅兵"的关注，也是对台湾岛内阶级问题的关注，正是如此，可以窥见台湾媒体本身带有的阶级意识与政党意识，由此形成不同的媒体群体，并将媒体的情绪付诸网络新闻报道之中。

部分摘录如下：

"2000 和 2004 年，连战连续两次选输了总统。所有的媒体都知道，连战对于输了选战的痛，远不如他输给陈水扁的痛。这样一个世家子弟，学历好经历优老婆美家庭幸福，最重要的是血统高贵，竟然输给一个三级贫户陈水扁这样的人物，在这些人眼中，陈水扁是应该被瞧不起的，而他却输给他瞧不起的人。连战彻底被台湾人民羞辱了，而且还羞辱了两次，心好痛"

"2014 年，儿子连胜文的台北市长选战，无疑又是一场对连家人彻底的羞辱。从红酒到牛仔裤，从一直玩一直玩到别让胜文不开心，连战看在眼里，想必痛在心里，台北市民用八十万票的悬殊差距羞辱了他的长子，而这次，输的

---

② 文本摘自 Yahoo 奇摩新闻相关报道。

竟然是一个他眼中的皇民青山文哲，是他口中的'混蛋'"[①]

另外，部分新闻媒体认定连战一家因官场的失意而失去对台湾的情义，并转向牟取在商的利益。出现此种分析的根源在于新闻媒体对台湾岛内政治经济的关注，而这些关注也表明了这些新闻媒体自身所携带的经济立场，由此，带着"共性"的他们聚集在一起，然后联合在一起，形成讨伐连战的网络团体，并且在这个团体中表达自己的观点、隐露出媒体的不满，共同分享属于这个集体的情感与价值。

由上可见，"九三阅兵"在台湾网络新闻传播中是一场具有仪式化的传播。首先，台湾新闻网站对"连战参加大陆阅兵"这一议题表现出关注。而这种关注是以争议和分歧的方式所呈现出来的。如果不关注，何以产生争议？而分歧则表明了在乎，在乎两岸间利益相关，才会参与其中，发出不同的声音，由此产生分歧，可以说这是对岸作为共同体一部分而表现出的围观式的在场，是台湾新闻网站出于台湾本岛的利益，对两岸拥有的共性历史的自我维护，进而在这个属于媒体的社群里，诠释着对共同标的物的话语权，即争抢关于抗日领导地位、家国正统地位的话语，并从争议之中获得作为媒体的自我存在感与参与感。

（二）社群网站/讨论区言论的争议与分歧

从社群网站/讨论区的网友发言，可以看出网友对连战出席大陆阅兵一事的讨论大多集中连战的台湾身份和连战关于国共抗日的发言这两个部分。讨论主要分为支持连战赴陆阅兵和反对连战赴陆阅兵。正反两大阵营以自身的政治立场为出发点，分别在台湾网络中发出属于各自阵营的声音。

第一，从支持的一方来看，讨论对连战的评价或倾向于中性，或表示正面积极态度。一种是认为不应该将阅兵的关注点转移到连战身上，应该反思"国民党"在台湾当局执政的问题；一种是强调推动两岸关系发展的意义，对连战参加大陆阅兵表示积极支持；一种是从连战家族历史的缘由来支持其参加大陆阅兵。

首先，关于认为不应该将阅兵关注点转移连战的网友表达有：

"很多人都聚焦连战，大可不必像他这样。来自台湾，自认中国人的在台湾太多了，……中国人一家子，自己人而已，有甚么好大惊小怪的，……大家就

---

① 文本摘自 Yahoo 奇摩新闻相关报道。

说连战是去参加中华人民共和国抗日阅兵，这是不深入探讨，所得到肤浅的解读。在国统区或在红区的抗日只有中华民族才有交集。……至于那些番号……代表中华民族在红区的死烈传奇，这英烈传奇，属于全中华民族的英勇抗日事迹。……台湾在关键的十字路口要好好看住国民党"

"国民党政权既然放弃与忽视先辈们抗战价值，也等于无视先辈们无私付出的努力与血汗，那就无资格对中国大陆借阅兵表扬先辈们抗战荣耀说三道四！一切话语只能形容为醋味极浓"

"国民党主席顶多只是给停权处分，不会重惩连战。并不希望因为此事和连家冲突，让国民党选情再度恶化"[1]

从台湾网友对"九三阅兵"的讨论中，可以看出他们对中华民族身份的认同。这部分网友认为应该看到两岸共同抗日的民族历史，并将矛头指向"国民党"，认为其应该反思自身的执政问题，反思对抗日先辈的忽视，而不应该是将自身问题推脱在连战身上、处分连战。由此，"国民党"在台湾地区的执政与台湾岛内的政党利益也相继被网友所关注与讨论。这种关注促成了网络的围观，是一种"在场"的呈现。

其次，从推动两岸关系发展的意义表示对连战参加大陆阅兵的支持有：

"连战有功于国民党，有功于二岸关系"

"十年前破冰万民拥戴"

"不要把他当作过街老鼠～人人喊打"

"国民党你们再作什么呀！那头日本狗你们连碰都不敢碰，丧权辱国的罪行没一个人敢出来告那头狗，连先生是受邀请到大陆去参观人家的阅兵而已呐，你们就要怎样，怎样把连先生，怎么样"

"凡事三思而行、换个角度想参加大陆的阅兵大典又不是犯法、为什么要用异样的眼光"

"连战去大陆阅兵有这么严重吗？"

"绿营对真正否定中华民国的岩里政男极尽吹捧包容，对连战却批斗不手软，还怂恿国民党要家法伺候，本人认为连战去参加阅兵是两岸交流的行程之一"[2]

可以看出部分台湾网友对连战参加大陆阅兵表示认可，认为连战在作为国

---

[1]　文本摘自新闻评论区网友留言。
[2]　文本摘自新闻评论区、Facebook 洪秀柱粉丝团、Youtube"中天家族"与"中视新闻"频道相关视频留言区。

民党主席时曾与大陆有过和平之旅，对两岸的和平发展与两岸间交流具有积极推动的作用。在这类观点中的表达，网友除了直接表达支持以外，还存在另一种以反问质疑国民党为何要处置连战的方式来从侧面表达对连战出席大陆参加阅兵的默许和默认。这种朝着有利于两岸共同体发展的观点表达与互动，就是一种"共享"的存在。

最后，从连战家族历史的缘由来支持其参加大陆阅兵的有：

"连战祖父在清政府割台后，举家迁回大陆。连战的高堂祖籍东北 …… 连战父系母系家族，先后遭日本侵略，他成长于抗战时期，国仇家恨，深植心中。无怪乎去年选举时，会激动地批柯P是皇民后裔。自清代中叶后屡屡战败，割地赔款，…… 黄仁宇曾经表示：国民政府的三民主义，共产党的共产主义，最终目标希望中国强大。其间过程虽然颠簸，但中国这艘大船仍然摇摇晃晃持续前进。连战大陆行，不是去踢馆"①

部分网友认为，连战家族在抗日时期所遭受的家国耻辱与家国情怀是足以成为重要理由支撑其参加阅兵仪式，并借由连战表达了共同的国仇家恨。万众一心，同仇敌忾，不仅仅表达的是对连战的支持，更是对两岸共同历史的认同，对中华民族儿女在抗战时期所遭受的欺凌的感同身受，对法西斯的痛恨。这些台湾网友的互动反映出他们不仅仅是在围观，更是聚集在一起互动并共享集体记忆与情感价值。

第二，从反对的一方来看，除了网络新闻关注的焦点外，从连战个人转移到党政话题的议论和从连战讲话到对两岸抗日历史的争议成为台湾网络围观的焦点。在这场围观中，不同利益群体诠释不同的价值诉求，在集体中进行情感的沟通。

首先，是对个人关注转移到对政党的议论，主要言论有：

"不像国民党，把国军的英勇事迹当作自家功劳，不断的向台湾人吹嘘国军在抗日中英勇牺牲的故事 …… 一个活在民族一家理念的共产党，只会长大。一个活在蒋总司令的伟大年代，争个谁谁谁，有个屁用 …… 全国民党好像泥鳅掉到盐巴坑扑扑跳，国民党内没有了历史人才或逻辑人才了吗？"

"不论那一方都呼吁连不要去，甚至总统也出声，那为什么连还是去了。按照此行动推断，连认为（大陆比台湾重要!）…… 既然如此，应该可以开除党籍

_____

① 文本摘自新闻评论区网友留言。

了吧~结果.开始在打圆场~喔~……国民党真是个纪律严明的政党呀!(翻白眼)"①

可以看出，持反对态度的台湾网民对连战参加大陆阅兵这一事，已经从对连战个人的讨论转移到对一个政党的讨论。虽然言意表达大多是共同对某一党派的嘲讽与情感宣泄，但实则从反面来看是对中华民族共同抗日历史的认同，是具有"两岸一家"的情感在里头的。政党被牵扯进来，说明了台湾网友在这项讨论中带着政党偏好来共筑话语的诠释区域，并在这个诠释区域中，集体的情感宣泄亦是在同一群体中共享了某种共同情愫。

其次，从连战讲话到对两岸抗日历史的争议言语有：

有网友对连战参加阅兵前的讲话表示质疑："8年抗战变14年有那么严重吗？多个6年出来是利息丫"。紧接着，网友纷纷对连战赴大陆参加阅兵这一行为充满各种猜测，并牵扯出诸如以下的各种表述：

"[连]家三代富敌国[战]到胜文打哆嗦[逆]意参加大阅兵[天]安门城楼上坐[连战逆天]:泛指虽千万人吾往矣的勇气[职场]:良禽择木而栖,老马觅主伏枥[例句]:连战逆天而行,蓝绿齐声批评"

"忝而为记,者三代。不为民谟,只求财。事实不报,奈我何。耻若无心,空耳在。哈哈哈....这年代..己身不正........可怜之人不知己怜处....可悲.."

"流芳百世,大丈夫连战!不知法,不知耻!攀附权贵,随波逐流"②

可以看出，部分台湾网友以"打油诗"的形式相互回应连战参加大陆阅兵一事，对连战表达了嘲讽、谩骂与指责。这种谩骂与指责实则是在争"谁才是中国老大"和"谁才是真正抗日领导"。关于一家之主地位的争议使网民形成了一种相对性的两岸共同体，虽无直接认同，但表明了关注，表明了在乎，其实也是对两岸共同体的另一种程度上的认可。言辞表达的方式也让台湾网友以特殊形式的表达而集合在一起，使用群体共享的表达方式，相互回应，交换不满的意见、传递不满的争议，这种带着特殊形式的"不满"是属于这个群体共有的情感宣泄的方式，同时也是属于这个群体的共同的"不满"情绪。这种不满又恰恰体现出他们的参与和分享，只是这种参与是争议式参与、分享是分歧式分享。

由上可见，"九三阅兵"在台湾社群网站／讨论区的传播是一场仪式化传播。

---

② 文本摘自新闻评论区、Facebook 洪秀柱粉丝圈相关网友留言。
① 文本摘自新闻评论区网友留言。

首先，连战参加大陆阅兵这一信息被台湾网友所关注，并形成了网络围观式的在场。而这种关注是以争议和分歧的方式所呈现出来的。正面声音与负面声音同时存在，便是一种争议。这种争议来源于利益相关方、价值相反方和情感相对方之间的争议。既有达成认同性的共同体，也有相对性的共同体。从某种意义上来说，已经完成了"在场""关注"与"共享"的仪式化的传播。

文本分析的研究发现表明"九三阅兵"这一大陆纪念性事件在台湾网络的传播是一场特殊的仪式化传播。在台湾社群网站/讨论区中，以利益相关、价值相反、情感相对为主要特征的文本论述从某种程度上达成了"在场""关注"与"共享"，并且这种"在场"是围观式聚集，"关注"是争议式参与，"共享"是分歧式分享。与此同时，"九三阅兵"在台湾网络中的传播所形成的不仅仅是认同性共同体，还有另一种相对性共同体，这种相对性共同体是拥有共性历史、共有议题、共享标的物的共同体。

第六节　结论与启示

本研究依托大数据的资源，通过对"九三阅兵"这一纪念性事件在中国大陆网络舆论场与台湾网络舆论场比较研究，以及对台湾舆论场传播信息的内容分析和文本分析，来探究在大陆网络舆论场很容易实现仪式化传播的"九三阅兵"事件，在跨舆论场中的传播情况及特征。本章将对前文的研究成果进行总结，并根据"在场""关注""共性"与"共享"四个角度提出研究启示，为今后大陆纪念性事件的传播，尤其是对台传播提供有益的策略或建议。

（一）研究得出的结论

第一，以仪式传播的视角来看，"九三阅兵"在大陆网络舆论场中的传播实现了一种标准式的仪式化传播，并且仪式化传播在大陆互联网中极易被实现，"在场""关注"和"共享"在大陆网络中随处可见。

庞大的人口基数，活跃的互联网用户，权威的媒体直播、触手可及的网络社交平台与视频网站为以"九三阅兵"为代表的大陆纪念性事件的传播提供了必要条件。新媒介的发展，带来了网络围观，实现了大众在观看"九三阅兵"时的"在场感"。共同的生活体验、国家印象和集体记忆是造成网络集体情感迸发的根本之源。而这些情感的集体抒发则是因为共同关注了"九三阅兵"而呈现出来的。"九三阅兵"在大陆网络舆论场，不仅实现了"在场"，更是达到了

"关注"，并最终完成"共享"。网民的万众一心、昂扬斗志、同仇敌忾，达成了"九三阅兵"激发民族情怀，凝聚中华儿女，强化国家精神力量的仪式传播的目的。

第二，从大数据的视角来看，"九三阅兵"在台湾网络舆论场中的传播，实现了仪式化传播，并且以"即时在场"与"延时在场"构成了"九三阅兵"在台湾网络舆论场中的仪式化传播。

以"九三阅兵"为代表的大陆纪念性事件在跨舆论场的传播中，同样可以实现仪式化的传播。哪怕是与台湾本岛的议题相比，新闻网站及其粉丝专页对大陆纪念性事件的聚集程度也很高。"九三阅兵"通过台湾新闻网站不同渠道聚集了台湾网友，这种聚集便是"在场"。而台湾视频网站凭借同步性的优势，不仅可以促成台湾网民的当下"在场"，可以同新闻网站一起打造出另一种维度上的"在场"，以实现对事件的关注与互动。

第三，内容分析发现，"九三阅兵"这一大陆纪念性事件在台湾网络的传播是一场仪式化传播。对于"九三阅兵"本身的信息传播不多，也不集中，多分散在网友评论性的意见与情绪表达之中。表达风格以严肃直白和戏谑嘲讽的居多。

台湾网络对"九三阅兵"也具有"在场"的参与，这种参与体现在意见与情绪的表达。传播内容在不同领域范围的集中，体现了不同群体因共同的关注实现的聚集，或讨论问题，或发表意见，或宣泄情感，并在共有区域里分享群体认同的价值与情感。

第四，文本分析也表明，"九三阅兵"这一大陆纪念性事件在台湾网络的传播是一场特殊的仪式化传播。在台湾社群网站／讨论区中，以利益相关、价值相反、情感相对为主要特征的文本论述则从某种程度上达成了"在场""关注"与"共享"。

在文本分析中，台湾舆论场对"九三阅兵"的仪式传播有特殊的呈现方式，即"在场"是围观式聚集，"关注"是争议式参与，"共享"是分歧式分享。与此同时，"九三阅兵"在台湾网络中的传播所形成的不仅仅是认同性共同体，还有另一种相对性共同体，这种相对性共同体是拥有共性历史、共有议题、共享标的物的共同体。

本章试图以"九三阅兵"仪式事件这一典型来窥探仪式传播在跨舆论场传

播①的特点和规律，综合上述四方面的研究成果，得出结论如下：

结论一，仪式传播在跨舆论场传播中同样具有仪式化，但区别于标准式的仪式化传播，形成的是特殊性的仪式化传播。这种特殊性体现在它的"在场"是围观式的聚集、"关注"是争议式的参与、"分享"是分歧式的分享。

"九三阅兵"作为仪式事件本体，其在中国大陆网络舆论场中很容易就营造出万众一心、群情激昂的凝聚力和向心力。这就达成了传统"仪式观"传中所强调的传者与受众共享意义，共享情感，获得归属感的过程。把这个定义为标准化的仪式化传播，那从跨舆论场的角度来反观"九三阅兵"在台湾网络的仪式化传播则应该定义为特殊性的仪式化传播。从态度与情感的角度去看，原有的"在场""关注"与"分享"并非完完全全达成同一种观点、态度和情感。而是，以一种围观的姿态、争议的表达和分歧的观点所呈现。

结论二，仪式传播在跨舆论场传播中，大陆预构的认同性共同体，较为容易转化成为相对性共同体。这种相对性共同体体现在它具有的共性历史、共有议题、共享标的物。

"共同体"是社会学概念，在社会学的释义下，是具有休戚与共的关系②。可见，共同体的本身就指向某一群体的认同。仪式传播在大陆网络舆论场中所呈现出来的对中华民族的认同是一种直接可观可感的认同。言语的直接表达就是很好的证明。而仪式传播在台湾网络舆论场中的呈现并非如此，表面上看似否认、绝对化的表达，从另一种角度来看，何尝不是本身意识中潜在的对两岸共同体的一种认同。正因为认同，才会关注，才会争谁才是抗日主导、谁才是中华民族的一家之主。如果把仪式传播在大陆网络舆论场中所建立的共同体提取"认同"作为标签，那仪式传播在台湾网络舆论场中容易把这种似乎完全意义上的共同体，转化成相对性的共同体。这种相对性共同体不是直接的认同，而是间接存在，其本质依旧是对共同体的认同。

结论三，仪式传播在跨舆论场传播中，政治问题依旧是台湾问题的本质。政治与政党议题是媒体和大众首要关注的核心。其中对重要的"台湾政界人士"的关注其实质是台湾岛内由来已久的阶级矛盾的体现。评论性质的意见表达在其中的传播更加广泛。

---

① 这里的跨舆论场指从大陆网络舆论场传播到台湾网络舆论场。
② 李慧凤、蔡旭昶:《"共同体"概念的演变、应用与公民社会》,《学术月刊》,2010,（42）：21。

从仪式传播的视角来看"九三阅兵"在跨舆论场中传播的关注核心，政治依旧是摆在首要位置。陈述性的事实呈现往往只是一笔带过，而评论性的意见表达在"九三阅兵"的跨舆论场传播中更为突出。仪式传播指向人群，有人的地方就有言论。集体可以是"沉默的螺旋"，言论亦可以"轻描淡写"。但是仪式传播在跨舆论场传播中的显著特征是群起而趋之的争议与分歧，是议论，是非议。

（二）研究获得的启示

第一，大陆纪念性事件的跨舆论场传播应当努力克服传播政策壁垒，通过切实有效的合作与沟通，将直播情况及时地传播到台湾岛内，减少"延时"所带来的滞后性。

由于台湾当局政策原因，"九三阅兵"在台湾网络的传播存在延时性。从这一点出发，大陆应继续加强与台湾媒体的沟通与合作，努力搭建有效的及时的两岸信息互通平台，力争把信息传递做到最及时和最大化，以满足台湾民众对信息获取的需求，实现两岸信息交流的同步性，为台湾民众打造更加及时的"在场感"。

第二，大陆对纪念性事件的议程设置应当努力创建起能够引发两岸共同关注的情感焦点，充分且巧妙地建构起符合两岸心理的共同意识，以潜移默化的方式搭建起两岸共同的认知记忆，为两岸创造更加集中的"关注点"。

大陆应该在立足政府对台方针政策的基础上，了解台湾民众想要了解的和想要关注的，努力从两岸共同的民族血脉、共同的历史文化，共同的利益相关中构建出既符合大陆认同，也满足台湾认可的情感枢纽，通过不断的付出、不断的努力、不断的积累，以获得台湾民众对大陆的认同，对祖国的认同。通过建构两岸认可的文化与情感，帮助台湾读懂大陆、关注两岸、认同祖国，认同两岸命运共同体。

第三，在今后对台传播中，大陆应该及时关注台湾岛内，尤其是以互联网为主的社交平台上的舆论走向，关注争议与分歧，及时精准地把握台湾情绪，借助互联网的优势，广造舆论声势，并积极有效地求同释异[1]，为两岸开展对话搭建良好的"共识性"。

大陆要密切关注台湾舆论场的走向，精准的了解台湾舆论中对大陆或两岸

---

[1]　候迎忠、郭光华：《对外报道策略与技巧》，北京：中国传媒大学出版社，2008年，第143页。

的争议与分歧。既要理性的强调共同点，也要理性的对待不同点。既不可过多、过分地强调共同点，也不可过多地承认差异性，更加不可以为了迎合而毫无原则的承认与让步。大陆应当积极地寻求导致问题的症结，尝试用有利于两岸发展的手段和渠道去化解争议和分歧。

第四，大陆在今后对台传播中，应该做好节庆传播，借由重大活动庆典的契机，积极主动展开报道宣传，牢牢掌握对台传播的话语权和解释权，并主动加入对话，与台互动，提升传播效果，以促成两岸态度、意见、价值观念与情感体验的"共享性"。

大陆要抓住两岸都重视的节庆活动，加强宣传，积极引发台湾的关注，营造舆论的话题聚焦，并且主动参与到和台湾民众的对话中，通过及时的互动展现出积极的姿态，向台湾民众传递良好的大陆形象。通过循序渐进的方式，逐步增强台湾对两岸共同体的认可，对大陆形象的认可。

（蔡婧蓉，厦门大学新闻与传播学专业硕士，厦门大学信息学院教师。）

后　记

本书分为五个部分，第一章总论，对台湾舆论研究作为学术存在的特殊性进行定位，属于"三基"研究——基本概念、基础理论与基本方法的研究。第二章从时间一维切入，抓取一个特殊的年份——2015 年进行年度报告，运用大数据对台湾舆论场进行一个轮廓画像。第三、四、五章则从空间一维入手。第三章聚焦异常，分析台湾舆论场动静最大、反复出现的舆论奇观——青年运动与抗争政治，以台湾学生"反课纲"运动为案例，试图归纳其一般模式。第四章研究日常，讨论常态化的公共舆论与公共政策的互动，同样选择了一个在台湾舆论场反复出现的议题——年金政策改革，案例是 2015 年，参照系却是长时段。第五章把空间延伸，将与台湾舆论场关系最密切的大陆舆论场纳入，从两岸舆论场的框架中，研究两岸间舆论场的跨舆论场传播，案例选择的大陆"九三阅兵"事件也很有代表性，通过对历史事件或历史人物的纪念引发台湾舆论场波动，是大陆对台传播的常用手段。五个章节有总有分，特别是分论的四个章节，每一个都是小小的音节，引出的却都是台湾舆论场反复呈现的不同音乐主题，它们共同构成了台湾舆论场脉络可见的舆论复调。

这样一个结构相对完整的研究体系，最早呈现的形式却是我自己的论文和我指导的学生论文。就好比本来是对台湾舆论场进行一次全身扫描，结果我们却是用头部、胸部、手部、腿部……这样一个个局部扫描组接而成。这样的组合过程于我是一个新鲜的体验，书稿的形成过程也是一个人与人交往的过程，每一段文字都有着与不同人的历史记忆，留下我教学科研难忘的痕迹。

书稿的分工如下：第一章由我撰写，第二章是我与任振华、程佳佳、王宇瑾和吴佳敏等 4 人合作完成，第三章由邹思容执笔，第四章由潘小佳执笔，第五章由蔡婧蓉执笔。

大陆研究台湾舆论的不多，专注者更少，希望这本书出来，能够有更多的读者变成作者，把台湾舆论研究这支队伍壮大。台湾舆论研究能够形成丛书，一个系列一个系列出版下去。

最后，特别感谢编辑耐心细致的工作，使这本书得以成形。

邹振东

2020 年 4 月 23 日